Berufe für Philologen

BERUFE für Philologen

Herausgegeben
von Heinz Ickstadt

 Wissenschaftliche
Buchgesellschaft

Die Deutsche Bibliothek verzeichnet diese Publikation
in der Deutschen Nationalbibliografie;
detaillierte bibliografische Angaben sind im Internet über
http://dnb.ddb.de abrufbar.

© 2004 by Wissenschaftliche Buchgesellschaft, Darmstadt
Redaktion: Katharina Gerwens
Umschlaggestaltung: Peter Lohse, Büttelborn
Umschlagabbildung: DigitalVision
Gedruckt auf säurefreiem und alterungsbeständigem Papier
Printed in Germany

www.wbg-darmstadt.de

ISBN 3-534-18073-9

INHALTSVERZEICHNIS

VORWORT

Vom Literaturwissenschaftler, der als Lektor und Verlagsleiter eines Buchverlags arbeitet, bis zur Hispanistin in der IT-Branche – lassen Sie sich
überraschen: Die Spannbreite der Berufe für Philologinnen und Philologen
ist größer als Sie denken.

In vielen Beratungsgesprächen erfahre ich, dass nur selten jemand
eine Philologie studiert, weil er damit einen konkreten beruflichen Wunsch
verwirklichen will. Das Studium der Philologie ist vielmehr ein Neigungs-
fach: Die Begeisterung für Literatur, die Kultur eines Landes und fremde
Sprachen sind wesentliche Beweggründe für das Studium.

Häufig erlebe ich in der Beratung Studierende der Philologie, die mich
unsicher fragen, welchen beruflichen Weg sie einschlagen sollen. Sogar
Absolventinnen und Absolventen wissen oft nicht so recht, was sie
einmal mit ihrem Studium anfangen können. Aber auch Eltern, Verwandte und Freunde fragen immer wieder: »Was machst du eigentlich
mit der Germanistik?«, »... mit der Slawistik?« Lohnt sich wegen dieser
Unsicherheiten überhaupt ein Philologiestudium? Ja! Denn es gibt
passende Jobs, wie Sie an den Beispielen in diesem Buch erkennen
werden.

»Berufe für Philologen« will allen Mut machen, die nach ihrem Studium
einen Job suchen, und gibt Antworten auf die Frage, wo Philologinnen
und Philologen arbeiten können. Dieser Band stellt eine Auswahl an beruflichen Möglichkeiten vor, gibt Anregungen und zeigt Nischen. Oft sind es
Nebenfächer, die den beruflichen Weg bestimmen. Studentenjobs, Praktika, Auslandsaufenthalte, Hobbys oder das Engagement im Privaten können
dazu beitragen, den eigenen Weg zu finden, ebenso Zufälligkeiten, wie
in verschiedenen Beiträgen deutlich wird. Es gibt in vielen Fällen keinen
geraden, sondern »einen krummen Weg zum Glück im Job«, wie es eine
Autorin ausdrückt.

Viele Jobs findet man in den »klassischen« Berufsfeldern, wie z. B. in
Medien, bei Verlagen oder Werbeagenturen, in denen Philologinnen und
Philologen sich behaupten – Berufsfelder, die natürlich in diesem Buch
nicht fehlen dürfen und am Anfang dargestellt werden. Etliche Berufe sind
nicht jedermann bekannt. Welcher Studierende kennt z. B. die Tätigkeit
einer Literaturagentin und wie kommt man dahin? Oder wer weiß schon,
was ein Werbetexter oder Lektor genau macht?

Darüber hinaus gibt es wesentlich mehr Alternativen. Philologinnen und Philologen arbeiten erfolgreich in den unterschiedlichsten Berufen, wie man in diesem Buch sehen kann – und immer mehr in den verschiedensten Funktionen in Unternehmen der Wirtschaft oder als Selbstständige.

Die zwölf Autorinnen und Autoren, die in diesem Buch zu Wort kommen, haben Germanistik, Vergleichende Literaturwissenschaft, Anglistik, Romanistik, Hispanistik und Slawistik als Hauptfach studiert. Sie geben Einblicke in ihren Berufsalltag, ihre Aufgaben, Tätigkeiten und Anforderungen, denen sie sich täglich stellen. Die Beispiele lassen sich jederzeit auf andere Philologien übertragen.

Die Autorinnen und Autoren beschreiben ihr Studium, ihre Schwerpunkte und ihre Vorlieben. Sie zeigen, was ihnen beim Berufseinstieg und weiteren Karriereweg besonders geholfen hat, durch welches Engagement und welche Initiative sie Klippen und Hürden überwanden. Sie verbinden dies mit einer Menge wertvoller Tipps. Einige waren ziellos und haben trotzdem ihren eigenen Weg gefunden.

Semester für Semester strömen Massen von Studierenden in ein Studium der Sprach- und Kulturwissenschaften. Wer einmal in eine Vorlesung oder in ein Seminar bei den Philologen hineinschaut, wird schnell feststellen, dass Studentinnen in der Überzahl sind. Das wird auch an den Beispielen in diesem Buch deutlich: Überwiegend stellen Frauen ihren Werdegang dar. Einige Autorinnen schildern, wie sie Studium und Kinder bzw. Beruf und Familie managten.

Für den beruflichen Einstieg sind Erfahrungen in der Praxis immer von besonderer Bedeutung. Hier kann man sich ausprobieren und herausfinden, in welchen Bereichen man zukünftig arbeiten möchte. Ganz wichtig sind die vielen Kontakte, die man in der Praxis knüpfen kann und die den Einstieg erleichtern.

Das Buch will Absolventinnen und Absolventen dieser Studiengänge Mut machen, sich selbstbewusst bei der Bewerbung zu präsentieren.

Philologinnen und Philologen verfügen aufgrund ihres Studiums über viele Fähigkeiten und Stärken, die sie für Arbeitgeber zu attraktiven Bewerbern machen. Gerade sie zeichnen sich über die so hoch angesehenen Soft Skills aus. Nicht nur exzellentes Fachwissen zählt, Arbeitgeber achten auf weiter gehende Qualifikationen: Aufgrund veränderter Aufgabenabläufe und Führungsstrukturen mit komplexen Arbeitsprozessen in häufig international agierenden Unternehmen wird von Mitarbeiterinnen und Mitarbeitern erwartet, dass sie motiviert und belastbar sind. Sie sollen sich schnell und flexibel in fremde und neue Sachverhalte einarbeiten, analytisch und vernetzt denken können, über organisatorische Fähigkeiten, gutes Ausdrucksvermögen und Kommunikationsfähigkeiten für ihre Arbeit in einem Team verfügen.

All das sind Fähigkeiten, die Philologinnen und Philologen sich in ihrem wenig strukturierten Studium aneignen und trainieren können. Bereits beim Präsentieren von Haus- und Seminararbeiten haben sie Gelegenheit, dies vor Professoren und Kommilitonen auszuprobieren und einzuüben. Die hier vorgestellten Berufe sind Beispiele. Sie sollen Studierenden, Absolventinnen und Absolventen Anregungen geben, einen eigenen, ganz individuellen Weg zu finden. Das berufliche Spektrum ist groß, es verändert sich laufend und es kommen immer wieder neue berufliche Möglichkeiten hinzu, nicht zuletzt durch die neuen Medien und das Internet.

Ich danke den Autorinnen und Autoren, die bereit waren, ihre Biografie darzustellen, und ich danke darüber hinaus allen, die zum Entstehen dieses Buches beigetragen haben.

Heinz Ickstadt

Der Herausgeber

Heinz Ickstadt, Jahrgang 1949, schloss nach dem Abitur in Wiesbaden eine Lehre zum Industriekaufmann ab. Anschließend studierte er an der Johannes Gutenberg-Universität Mainz Volkswirtschaftslehre. Seit 1977 ist er bei der Bundesagentur für Arbeit tätig. Derzeit ist er Berater im Hochschulteam der Agentur für Arbeit Darmstadt. Seit mehreren Jahren hält er an der TU Darmstadt Berufsfindungsseminare für Germanistikstudierende.

Weltliteratur und Spielcasino

Vom Lektor zum Verlagsleiter

Zu meinem Studium kam ich halb durch Zufall und halb durch Bücherlust. Ich wollte eigentlich Germanistik studieren, fand aber im Vorlesungsverzeichnis der Johannes Gutenberg-Universität Mainz den verführerischen Hinweis auf die Allgemeine und Vergleichende Literaturwissenschaft, kurz Komparatistik, dem ich nicht widerstehen konnte. Germanistik wurde dann zusammen mit Philosophie mein Nebenfach. Dass es sich um brotlose Fächer handele, wurde mir zwar von allen Seiten bestätigt, gekümmert hat es mich allerdings wenig, und wenn ich eine Erfahrung gemacht habe, dann ist es die, dass jeder, der solche Fächer mit Lust und Leidenschaft studiert, später auch zu Brot und Arbeit kommt. So kenne ich eine Komparatistin, die als Redakteurin im ZDF arbeitet, einer ist Redakteur im SWR, viele sind in Verlagen beschäftigt und auch bei Zeitungen und in Abteilungen für Öffentlichkeitsarbeit findet man Literaturwissenschaftler als Mitarbeiter.

Meine eigenen Vorstellungen von einem Literaturstudium waren mehr als vage. Aus einer unakademischen Familie kommend, reizte mich vor allem der Auszug von zu Hause, die Aussicht auf eine eigene Wohnung und die Vorstellung, mit intellektuellen Büchermenschen in Kontakt zu kommen. Es waren also eher romantisch-bohemistische Ideale als bürgerlich-rentenbezogene Pläne. Dazu kam, dass No-Future gerade das Schlagwort der Saison war und ich im Sog meiner Generation ohnehin nicht allzu weit in die

Jürgen Kron, Jahrgang 1962, studierte an der Johannes Gutenberg-Universität Mainz von 1982 bis 1990 Allgemeine und Vergleichende Literaturwissenschaft, Germanistik und Philosophie. Nach dem Studium arbeitete er als freier Journalist, dann als Wissenschaftlicher Angestellter an der Uni Mainz, wo er 1997 promovierte. Danach arbeitete er als Buchautor, bevor er 1998 im Eichborn-Verlag in der Presseabteilung anfing. Seit 1999 ist er im Frankfurter Societäts-Verlag tätig, zunächst als Lektor und Programmleiter, seit 2000 als Verlagsleiter.

Zukunft blickte. Allerdings hatte ich andererseits schon immer viel und mit Begeisterung gelesen, und im Studium wollte ich nun die ganze Weltliteratur kennen lernen. Da es sich um ein Studium handelt, das nicht gradlinig zu einem Job führt, sondern eher ein Spektrum an beruflichen Möglichkeiten eröffnet, ist eine feste Planung ohnehin nur schwer möglich. Ich war auch in zwei, drei anderen Branchen tätig, bevor ich mich für das Verlagswesen entschieden habe.

Meine Schwerpunkte im Studium waren sehr bald klar: Ich entwickelte ein Faible für schwierige Texte und anspruchsvolle Dozenten. Hölderlin und Heidegger, Flaubert und Ibsen interpretierte ich mit wachsendem Vergnügen, später Derrida und die ganzen Post-Ismen. Auch diese Wahl war eher lustbetont, war, wie ich in der Philosophie Roland Barthes' lernen konnte, die Lust am Text. Aber allmählich spielte auch ein gewisser Ehrgeiz mit und das Bedürfnis, das, womit ich meine Zeit verbringe, auch mit allem Elan zu tun. An die praktischen Seiten des Studiums habe ich nie gedacht und meine Schwerpunkte auch nie in dieser Richtung gewählt. Ich wollte intellektuell gefordert werden und keine praxisbezogene Ausbildung genießen.

Am besten konnten das die anspruchsvollen Dozenten, und von ihnen habe ich am meisten gelernt, darunter sehr unterschiedliche Dinge. Auf die Feinheiten der Sprache zu achten, hat sich als besonders nützlich erwiesen: Zwischen den Zeilen zu lesen, zu schreiben und manchmal auch zu sprechen, ist ein Allzweckschlüssel in meiner Berufswelt. Es gab, rückblickend gesehen, ein zweites Lernziel: Ab einem gewissen Punkt in meiner Karriere musste ich kulturelles Namedropping beherrschen und die Namen der Weltliteratur wie der aktuellen Feuilletondiskussion im Kopf haben. Die Komparatistik hat mich mit einem Fundus an literatur- und kulturgeschichtlichem Wissen versorgt, der mich durch alle Untiefen von Buchpräsentationen, Autorengesprächen und anderen intellektuellen Debatten einigermaßen unbeschadet gleiten lässt. Wissen als Handwerk, das habe ich gelernt, ist nicht zu unterschätzen. Und ein Drittes habe ich erfahren: Die Kunst, sich selbst zu organisieren, lehren die Massenuniversität und die modernen Geisteswissenschaften wie von Geisterhand, und es ist ebenfalls keine geringe Fertigkeit, wie ich später immer wieder merkte. Deshalb schätze ich es inzwischen, eingesehen zu haben, dass man bei der Fertigstellung von solchen Unannehmlichkeiten wie Hausarbeiten, Magisterarbeiten oder Promotionen ziemlich auf sich selbst gestellt ist und sehen muss, dass und wie man sein Projekt beendet. Kurz und gut: Es ist sehr unterschiedlich, was von dem Gelernten sich später einmal bewährt, und manchmal ist es etwas ganz anderes, als man dachte.

Während des Studiums musste ich Geld verdienen und habe daher keine Praktika oder Ähnliches absolviert. Ich habe vom Fließband einer Autofirma über die Gepäckausgabe des Frankfurter Flughafens bis zum Servicejob im Wiesbadener Spielcasino alles Mögliche betrieben, bis ich durch Hiwi-Anstellungen ein einigermaßen geregeltes Einkommen hatte. Zwischendurch schrieb ich für Zeitungen und habe an meinen eigenen Gedichten und Geschichten gefeilt. Genützt hat mir alles auf irgendeine Weise, aber genauer belegen kann ich das in der Kürze nicht. Vielleicht ein Beispiel: Beim Bedienen im Spielcasino lernt man, dass Service Arbeit ist, und diese Erfahrung hilft beim Umgang mit Kunden in jeder Branche.

Durch das Studium hat sich ein kleines Netzwerk gebildet. Meine erste Anstellung in einem Verlag verdanke ich einem Studienfreund, der dort Lektor war und mir riet, mich zu bewerben, als eine Stelle frei wurde. Weitere Freunde von mir lektorieren inzwischen für mich, andere sitzen in Institutionen und helfen mir, wenn ich dort Kontakte brauche. Professoren oder Dozenten haben mir beim Networking wenig genützt und ich habe den Eindruck, dass ich damit nicht der Einzige bin. Solange es nicht um eine wissenschaftliche Karriere geht, sind die Geisteswissenschaften geradezu hilflos in der Vermittlung ihrer Zöglinge.

Meine Abschlussarbeit über »Seismographie der Moderne – Moderne und Postmoderne in Ernst Jüngers Werk von ›In Stahlgewittern‹ bis ›Eumeswil‹« war in zweierlei Weise, aber in beiden Fällen nur indirekt von Bedeutung für meine Karriere. Zum einen ist es wichtig, einen Abschluss zu haben. Quereinsteiger können Glück haben, grundsätzlich aber ist die Auswahl an Bewerbern, die durch einen akademischen Abschluss ihre Fähigkeit zum Beenden von Projekten belegen können, groß genug. Und je ambitionierter man ist, umso wichtiger wird die Art des Abschlusses – um leitender Angestellter zu werden, hilft der Doktortitel nicht wenig, die Note dagegen ist zweitrangig. Zum anderen hatte ich mit meinem Thema Fortüne. Ich wählte mit Ernst Jünger einen kontrovers diskutierten, konservativen Autor und der Zufall wollte es, dass der Gründer des Unternehmens, in dem ich inzwischen tätig bin, ihn besonders schätzte.

Zurückblickend schönt man leicht, tatsächlich gab es einige Rückschläge während des Studiums. Gegen eine wissenschaftliche Karriere hätte ich nichts einzuwenden gehabt, aber es sollte nicht sein. Die Doktorarbeit zog sich lange hin, auch weil ich eine Stelle als Dozent an der Uni hatte und viel Zeit in Seminare und die Korrektur von Hausarbeiten investierte. Gelernt habe ich daraus, dass ich mich selbst um das kümmern muss, was mir wichtig ist. Außerdem war es nicht schlecht, dass ich dadurch die Branche wechseln musste, denn es verhindert Einäugigkeit. Mein Start ins Berufsleben fand in mehren Schritten statt. Durch meine Erfahrung bei Zeitungen und als freier Journalist konnte ich nach meiner Magisterarbeit zunächst bei einem Mainzer Stadtmagazin anfangen. Ich schrieb Kino- und Buchbesprechungen, dann Artikel über alles Mögliche, u. a. auch Restaurantkritiken, und als nach einiger Zeit der Chefredakteur kündigte, übernahm ich für ein paar Monate einen Teil seiner Aufgaben. Ich suchte Themen, vergab Schreibaufträge und redigierte die Artikel. Allerdings war es eine sehr unsichere Position, denn die Zeitschrift hatte Finanzprobleme. Als ich eine Stelle an der Uni als wissenschaftlicher Angestellter bekam, wechselte ich ohne große Trauer. Als Dozent mit einer Halbtagsstelle gab ich fast fünf Jahre lang jedes Semester zwei Seminare und arbeitete an verschiedenen Projekten mit. Gegen Ende der Promotion, als der Vertrag mit der Uni auslief, nahm ich mir eine etwa einjährige Auszeit, in der ich meine Promotion beendete und nebenher ein Buch schrieb. Ich veröffentlichte es in dem Verlag meines Studienfreundes und es war die beste Bewerbungsunterlage, die ich hatte – so bekam ich meine erste Anstellung in der Presseabteilung eines Buchverlags, im Frankfurter Eichborn-Verlag. Es war übrigens ein Buch über Dosenbier, also keine allzu schwere Kost. Als Autor von belletristischen Werken hat man es bei der Jobsuche in einem Verlag schwerer, denn dann wird man für literarisch ambitioniert gehalten und das steht einer Verlagskarriere eher im Weg. Der Anfang im Verlag war allerdings nicht ohne, denn ich kam in eine Abteilung, die gerade neu strukturiert worden war und in der allerlei Probleme auf ihre Aufarbeitung warteten. Das Verhältnis zu den Kollegen war nicht immer einfach, mit einem Wort: Ich hatte die typischen Anfängerprobleme.

Als Mitarbeiter in der Presseabteilung eines Publikumsverlags muss man Kreativität mit Organisationstalent verbinden. Ein Teil der Arbeit besteht darin, in zweiseitigen Pressetexten, den so genannten Waschzetteln, ein Buch knapp und vor allem interessant zu beschreiben. Man muss den Punkt erfassen, der das eine Buch von allen anderen unterscheidet und aufgrund dessen sich eine Rezension in einer Zeitung oder Zeitschrift lohnen könnte. Dabei ist es hilfreich, wenn man ein Gefühl für News, für Meldungen hat und gelernt hat, wie Journalisten zu denken. So ist es beispielsweise keine Meldung, dass ein spannendes Buch erschienen ist, aber wenn der Autor gerade Bundeskanzler ist, dann kann man mit einigen Besprechungen rechnen. Der andere Teil der Arbeit besteht darin, die Presse zu informieren, und bei einigen tausend Adressen in der Kartei ist das vor allem eine organisatorische Leistung. Man muss Fax- und Briefversendungen auf den Weg bringen, die richtigen Ansprechpartner finden, Bestellungen erledigen, viel telefonieren und den Überblick behalten, damit kein Titel vergessen wird. Eine gewisse Stressresistenz ist dabei hilfreich.

Während meiner verschiedenen Tätigkeiten waren bislang auch ganz unterschiedliche Fähigkeiten, die ich an der Uni gelernt hatte, wichtig für mich. In meiner ersten Anstellung in der Presseabteilung des Verlags halfen mir etwa meine relativ guten Kenntnisse der Weltliteratur und meine Fähigkeit, Bücher kurz und bündig zu beschreiben. Außerdem musste ich immer wieder auch meine literaturwissenschaftlichen Kenntnisse zur Schau stellen. Es war also eher das Handwerkszeug des Studiums. In meiner zweiten Anstellung als Lektor war es eher wichtig, Projekte zu entwerfen und zu organisieren, Reden zu halten oder klare Anweisungen zu geben. Alles hatte ich indirekt auch durch das Studium gelernt, etwa durch Hausarbeiten und Vorträge. Alles in allem hat mich das Studium ziemlich gut auf die verschiedenen Aufgaben meines Berufs vorbereitet.

Während des Studiums wurde mir oft erzählt, dass der Doktortitel überflüssig und reiner Selbstzweck sei. In meinem Fall trifft das nicht zu: Meine jetzige Anstellung habe ich mit einiger Sicherheit auch dem Titel zu verdanken, und ohne Magister kommt man überhaupt nur sehr schwer in einen Verlag. Im Berufsalltag hilft mir der Doktortitel wohl auch, ohne dass ich konkrete Beispiele nennen könnte. Aber ich habe oft mit Professoren oder Akademikern zu tun und meinem Gefühl nach erleichtert es der Dr. phil. ihnen, mir anspruchsvolle Arbeit zuzutrauen. Aber vielleicht bilde ich mir das alles auch nur ein.

Je interessanter die Aufgaben werden, desto wichtiger werden die Soft Skills – so empfinde ich es jedenfalls. Der größte Teil meiner Arbeit besteht darin, Projekte durch den Verlag zu schleusen, also Bücher sozusagen vom Autor zum Leser zu tragen. Dabei habe ich mit Menschen zu tun, und das heißt, ich muss reden und überzeugen, Teams zusammenstellen und delegieren, ich muss Konzepte überzeugend präsentieren, bei Lesungen repräsentieren und mir Gedanken über die psychische Verfasstheit meiner Mitmenschen machen. Das Fachwissen gibt mir den Rückhalt, mich sicher in meinem Arbeitsbereich bewegen zu können, aber im täglichen Geschäft brauche ich es kaum; da muss ich mit Hilfe von all dem zurechtkommen, was bei einer akademischen Berufsausbildung nur durch Zufall und nebenher abfällt. Die Fähigkeit, mich auf Menschen einlassen zu wollen und ihnen gerne zuzuhören, halte ich beispielsweise für sehr wichtig in meiner Branche. Autoren arbeiten meistens einsam und der Lektor ist für sie ein wichtiger Gesprächspartner, mit dem sie sich austauschen wollen. Wenn man dann nicht zuhören kann, ist man fehl am Platz.

Was die akademische Ausbildung noch so nebenher bringt, sind Kontakte, in meinem Fall vor allem zu den Kommilitonen. Die akademischen Lehrer haben dagegen keinerlei Einfluss auf meine Karriere gehabt, sie verfügten selbst über keine Kontakte in der freien Wirtschaft und hatten auch kein Gespür für die Notwendigkeit, außerhalb der Uni einen Beruf zu finden. Netzwerke und Beziehungen außerhalb meiner Studienkontakte habe ich bisher nur wenige geknüpft, sie bilden sich erst allmählich heraus und sind bislang (noch) nicht besonders tragfähig. Dagegen habe ich von Mentoren hin und wieder profitieren können, manchmal nur durch ein paar hingeworfene Sätze, die mir trotzdem neue Perspektiven eröffneten – also kein aktives Mentoring, sondern eher psychische Nadelstiche zur Karriereförderung.

Nach der Promotion habe ich keine längerfristige Weiterbildung genossen, sondern ausschließlich einige berufsbezogene Fortbildungen besucht. Ich empfand alle als wichtig und notwendig, denn sie haben mir Zusammenhänge, für die man im Alltag hin und wieder den Blick verliert, aufgezeigt und jede Menge Denkanstöße geliefert. Ich habe zunächst verschiedene Weiterbildungen zum Thema Pressearbeit besucht, in denen ich meine handwerklichen Fähigkeiten ausbauen konnte. Es nützt mir noch heute, obwohl ich keine Pressearbeit mehr mache, denn in diesem Verlagsbereich fühle ich mich sehr sicher, während mir in anderen Bereiche manchmal der Blick für das Ganze oder auch die spezifische Begrifflichkeit fehlt. Als Verlagsleiter habe ich dann Seminare über Management im Allgemeinen und über Betriebswirtschaft für Verlage im Speziellen besucht. Gerade das Letztere empfand ich als sehr wichtig und nötig, denn damit hat man als Geisteswissenschaftler natürlich gar nichts, als Verlagsleiter dagegen sehr viel zu tun. Demnächst werde ich eine Fortbildung zum Thema Marketing besuchen, kurzum: Schritt für Schritt möchte ich mich in den wichtigen Bereichen des Verlagswesens zumindest in Ansätzen weiter kundig machen.

Man neigt dazu, im Rückblick die eigene Biografie als sehr folgerichtig zu beurteilen, und deshalb entdecke ich nicht wenig, was mich für meinen Beruf empfohlen hat, die ununterbrochene Beschäftigung mit Literatur etwa und der abgekühlte wissenschaftliche Blick auf sie ebenso wie meine Tätigkeit als Journalist für verschiedene Medien. Ich bin jedoch überzeugt, dass es sich dabei nur um die Grundlagen handelt, die in welcher Form auch immer schlicht und einfach vorhanden sein müssen, sonst geht gar nichts für die Karriere. Dazu müssen die Soft Skills kommen, in meinem Fall Neugierde, Lust, mich auf Menschen einzulassen, und die Bereitschaft, mich genauso für Pressearbeit und Marketing wie für Betriebswirtschaft und Buchhaltung zu interessieren. Das Denken in Hierarchien ist auch nicht überflüssig, sobald man in ein größeres Haus kommt.

Heute kann ich meinen Arbeitsalltag nur schwer beschreiben, denn es gibt kaum Routine, jedenfalls empfinde ich es so. Der Frankfurter Societäts-Verlag, für den ich tätig bin, ist ein kleiner Verlag mit nur drei, vier Mitarbeitern. Allerdings sind wir Teil eines großen Medienunternehmens, zu dem verschiedene Zeitungen, Druckereien, Internet-Unternehmen usw. gehören, durch die wir Unterstützung und zusätzliche Manpower bekommen. Für meine Arbeit bedeutet es, dass ich das Lektorat mitbetreue und dass meine Tätigkeit schon aus diesem Grund nicht mit der eines Verlagsleiters in einem großen Verlag zu vergleichen ist. Verlagsleitung heißt in meinem Fall, dass ich mit unterschiedlichen Arbeitsprozessen zu tun habe, die zu unterschiedlichen Zeiten ausgeführt werden müssen.

Vielleicht lässt es sich am besten chronologisch anhand eines Buchprojekts beschreiben: Zunächst muss ich ein Buch finden, das wir publizieren möchten. Dafür lese ich Manuskripte, suche selbst nach Themen, für die ich Autoren finden muss, oder entwickle mit Autoren zusammen Buchprojekte. Dann betreue ich die Entstehung des Manuskripts mehr oder weniger intensiv, d. h., ich lektoriere, führe Autorengespräche und gebe Tipps. Zu diesem Zeitpunkt kümmere ich mich bereits um das Cover und spreche mit der Herstellerin über die Ausstattung – von der Papierqualität bis hin zur Schrifttype. Wenn das Manuskript fertig ist, gebe ich es einem Lektor, der es nach Fehlern durchsieht und Korrektur liest. Als Nächstes geht es zum Setzer, mit dem ich Seitenzahl, Aufbau der Seite, Anordnung von Fotos etc. bespreche. Nach einem weiteren Korrekturdurchgang verschickt der Setzer den Satz an die Druckerei und vier Wochen später ist das Buch da. In dieser Zeit – und natürlich auch schon vorher – führe ich Gespräche mit Vertrieb, Marketing und Presse über die Strategien, mit denen wir dieses Buch auf den Markt bringen wollen. Die Anzeigen werden besprochen, der richtige Zeitpunkt für das Erscheinen diskutiert und der Dreh, mit dem man das Buch zu einem Thema für die Journalisten machen kann, überlegt. Gemeinsam sprechen wir auch eine mögliche Buchpräsentation durch, auf der ich dann moderiere oder zumindest die Gäste begrüße. Sobald das Buch im Handel ist, müssen die Verkaufszahlen beobachtet werden: Müssen wir nachdrucken oder die Werbung steigern? Nach einiger Zeit gilt es zu überlegen, ob sich eine Taschenbuchausgabe lohnt oder nicht. Und am Ende: die Makulatur der Restbestände. Dazu kommen noch die periodischen Aufgaben: Die beiden jährlichen Vertreterbesprechungen müssen organisiert werden, um die kommenden Bücher vorzustellen, die Vorschauen für den Buchhandel müssen rechtzeitig fertig werden und am Ende des Jahres muss Inventur gemacht und der Finanzplan für das kommende Jahr erstellt werden. Und und und. Dazu kommt natürlich noch die strategische Planung: Ist unser Programm dauerhaft marktfähig? Können wir neue Nischen besetzen? Lassen sich Kosten bleibend sparen? Alles ist spannend und sorgt dafür, dass ich morgens nie so genau weiß, was ich bis abends getan haben werde.

In gewisser Weise hat sich die Verlagsleitung organisch aus meiner Tätigkeit als Lektor entwickelt und hängt, wie bereits gesagt, noch immer eng damit zusammen. Das liegt aber auch daran, dass sich das Berufsbild des Lektors in den letzten Jahren entscheidend gewandelt hat. Während er früher vor allem mit dem eigentlichen Lektorat von Büchern befasst war, also mit dem Beurteilen von Manuskripten, dem inhaltlichen und formalen Überprüfen und den Korrekturdurchgängen, ist er inzwischen in fast allen Verlagen zu einem Projektmanager mutiert, der das Buch auf seinem Weg durch den Verlag begleitet. Als Verlagsleiter kommen neue Aufgaben dazu. So ist man Ansprechpartner für die Fragen der anderen Bereiche und muss auch in Vertrieb, Marketing und Herstellung mitreden und mitentscheiden können. So habe ich als Lektor fordern können, dass alle Bücher schöne Cover bekommen, als Verlagsleiter muss ich sehen, ob sich die Ausgaben dafür auch rechnen und ob wir nicht besser nur die wichtigen Titel herausstellen. Als Lektor konnte ich mich ärgern, wenn die Bücher zu spät im Buchhandel eintrafen, als Verlagsleiter ärgere ich mich zwar immer noch, muss aber gleichzeitig für eine Lösung des Problems sorgen. Es gibt allerdings auch Aufgaben, die die Verlagsleitung deutlich vom Lektorat unterscheiden, und das betrifft vor allem den kaufmännischen Bereich. Es war unabdingbar, dass ich mir betriebswirtschaftliche Kenntnisse angeeignet habe und inzwischen so einigermaßen mit Buchhaltung, Jahres- und Finanzplanung sowie im Umgang mit Excel jonglieren kann. Veränderungen im Bestand und Abschreibungen sind zwar immer noch nicht mein tägliches Brot, aber ich weiß, was darunter zu verstehen ist und wie ich damit umgehen muss. Und noch eines unterscheidet meine jetzige von meiner Arbeit als Lektor: Ich bin viel stärker in der Verantwortung und finde das gut so.

Ich hatte nie besonders ausgeprägte Erwartungen an eine Karriere, sondern eher ein diffuses Bild des Arbeitslebens. Hätte ich solche Erwartungen gehabt, wären sie jetzt weitgehend erfüllt.

Der Beruf und das Abenteuer Arbeitsleben haben mich und meine Werte einigermaßen verändert. Während ich früher eher in der Selbstständigkeit oder im einsamen wissenschaftlichen Forschen meine Zukunft sah, sind mir inzwischen die Teamarbeit und das gemeinsame Realisieren von Zielen wichtig. Ich bin auch stärker an einer Karriere und dem Aufsteigen in einer Hierarchie interessiert als ich es mir früher vorstellen konnte. Dadurch haben sich ebenso meine persönlichen Werte verändert. Der Beruf ist inzwischen der zentrale Bestandteil meines Lebens, der vieles im Privatleben zurückgedrängt hat. Effizienz und zielgerichtetes Handeln haben für mich an Wert gewonnen, Vor-sich-hin-Denken und den Tag genießen sind mir nicht mehr so wichtig.

Ob ich noch einmal das Gleiche studieren würde, kann ich schlecht sagen. Mir hat das Studium nicht nur Spaß, sondern mich auch fit für den Beruf gemacht. Die Universität hätte mehr fördern und fordern können, und ich glaube, dass dies eine Schwäche insbesondere der Geisteswissenschaften ist. In einem anderen Studiengang hätte es aber bestimmt andere Probleme gegeben. Da ich ein neugieriger Mensch bin, würde ich heute natürlich etwas ganz anderes studieren – aber nur, wenn ich mein literaturwissenschaftliches Wissen behalten dürfte. Für meinen Berufsweg gilt etwas ganz Ähnliches: Ich würde sehr gerne auch etwas anderes ausprobieren, aber meine Verlagserfahrungen möchte ich nicht missen.

Bleiben zum Schluss die Tipps und Hinweise, die ich an Literaturwissenschaftler geben kann: Das Studium bringt viel, wenn man es nicht lax betreibt. Viel Lesen, und zwar ganz schlicht und ergreifend erst einmal die großen Werke der Weltliteratur und die aktuellen Feuilletontitel, schadet nicht, und die Hausarbeiten, Protokolle und Vorträge sind eine nicht zu unterschätzende Vorbereitung auf die Welt der Büchermacher. Wer in einen Verlag möchte, kann es auf verschiedene Weise angehen. Praktika sind hilfreich, vielleicht sogar unerlässlich. Wenn man dann engagiert ist, die Rechtschreibung beherrscht und Organisationsgeschick beweist, kann man weit kommen. Der Rest ist Improvisation.

Ich möchte nie mehr etwas anderes machen

Medienagentin

Von der Gymnasiastin zur Verlagskauffrau

Als ich 1986 mein Abitur abgeschlossen hatte, begann ich zunächst mit einer kaufmännischen Ausbildung, weil ich nach den 13 Jahren Schule Lust auf Berufspraxis hatte. Meine Interessen lagen schon damals auf den Gebieten Verlagswesen, Bücher, Lesen etc. und mit Glück (tatsächlich aufgrund eines Angebots vom Arbeitsamt!) bekam ich einen Ausbildungsplatz als Verlagskauffrau im Zeitschriftenwesen. Zwar war das Produkt des Verlags, die Zeitschrift »Kicker«, nicht gerade das, was ich mir im Anschluss an meinen Deutsch-Leistungskurs vielleicht erträumt hatte, aber etwas Fußballinteresse hatte ich damals und wie gesagt, ich hatte Lust auf Praxis. Die Ausbildung war vielfältig und ich durchlief fast alle Abteilungen des Verlags, lernte viel über Herstellung, Vertrieb, Anzeigenwesen und in der Berufsschule kaufmännische Grundlagen.

Nach eineinhalb Jahren schloss ich die Ausbildung mit dem Kaufmannsgehilfenbrief ab und hatte – nach all den Stunden eines geregelten Büroalltags – wieder viel Lust auf Theorie und Lernen, sodass ich mich entschied, ein Studium aufzunehmen, vor allen Dingen um später an Jobs zu kommen, die ein Studium voraussetzten. Ich hatte zwar nur eine vage Vorstellung von einem Berufsziel, aber das Gebiet »Medien/Verlag« war weiterhin mein Wunsch-Berufsfeld.

Petra Hermanns, Jahrgang 1967, schloss nach dem Abitur eine Ausbildung zur Verlagskauffrau ab. Anschließend studierte sie von 1988 bis 1994 an der Johannes Gutenberg-Universität Mainz Germanistik, Buchwesen und Publizistik. Petra Hermanns ist mit ihrer Partnerin Elke Brand selbstständige Medienagentin. Sie führt die Agentur *Scripts for sale* in Frankfurt.

Foto: Hartmuth Schröder

Also suchte ich nach Studienfächern, die gut zu meinen Interessen und zu meiner Ausbildung passten, und stieß rasch auf das Fach »Buchwesen«, das in dieser Form damals ausschließlich an der Uni Mainz angeboten wurde. Laut Studienbeschreibung sollte man alles über die Geschichte dessen lernen, was zum Buch, zum Verlagswesen etc. dazugehört, und Einblick in die moderne Verlagswelt erhalten. Zusätzlich entschied ich mich für Germanistik und Publizistik. Auf einen Ortswechsel hatte ich ebenfalls Lust, also schrieb ich mich in Mainz ein.

Von der Verlagskauffrau zur Germanistin

Die ersten Tage an der Uni waren erst einmal sehr befremdlich, es war so chaotisch. Man kam irgendwie immer nur durch Zufall an die Informationen, wann man sich wo einzufinden hatte, um sich z. B. in Seminare einzuschreiben, und man wusste zunächst überhaupt nicht, was man sich so in einer Woche an festen Stunden vornehmen sollte. Nach meiner Ausbildung, in der ja alles sehr geordnet zugegangen war, war diese »Unordnung« sehr gewöhnungsbedürftig und ich sehe mich noch heute in der ersten Info-Veranstaltung für Germanistik sitzen, in der man erfuhr, dass man sich jetzt gleich für die Kurse entscheiden musste, denn sonst waren die Anmeldefristen verpasst. Also setzte ich mich nach der Veranstaltung mit dem Vorlesungsverzeichnis hin und stellte hektisch meinen ersten Wochenstundenplan zusammen. Überall herrschte Durcheinander und ich schloss mich gleich mit der Kommilitonin, die neben mir saß, zusammen, um einen sinnvollen Stundenplan zu basteln. Das hat uns so zusammengeschweißt, dass wir heute noch befreundet sind!

Im Fach Buchwesen, das ich zunächst als Hauptfach belegt hatte, ging es ähnlich unstrukturiert zu, aber dadurch, dass deutlich weniger Studenten am Institut waren und das Angebot an Veranstaltungen dementsprechend geringer war, war es einfacher, den Überblick zu bekommen. Das erste Proseminar in Buchwesen und die ersten Einführungsvorlesungen brachten mich rasch zu der Entscheidung, doch Germanistik als Hauptfach zu wählen, denn Buchwesen war sehr historisch orientiert und ich kam mir mit meinem Praxiswissen sehr fortgeschritten vor. Von modernem Verlagswesen war wenig zu sehen, und ich war ein wenig enttäuscht von dem Fach, von dem ich mir einen größeren Einblick in die Praxis erhofft hatte. Ab dem dritten Semester studierte ich deshalb Germanistik, Buchwesen und Publizistik. Nach der Eingewöhnung und dem ersten Semester empfand ich die freie Zeiteinteilung, das selbstständige Arbeiten und den Umgang mit vielen neuen Menschen als puren Luxus und fühlte mich gegenüber meiner Zeit als Azubi, wo ich immer um 7.30 Uhr mit dem Gong zur Arbeit gerufen wurde, sehr privilegiert. Schnell machte ich meine Pflichtscheine und empfand den Lernaufwand immer als »leicht zu nehmen«. Anders erging es mir manchmal mit den Inhalten. Was um Himmels willen sollte mir das Seminar über »Klosterbibliotheken in der Spätantike« später im Beruf nutzen? Würde sich wirklich ein späterer Arbeitgeber dafür interessieren, was ich von Rilkes Lyrik hielt?

Hier merkte ich, dass mich meine kaufmännische Ausbildung für die Wissenschaft schon etwas »verdorben« hatte und ich mich doch wieder nach praktischen Inhalten sehnte. Das Studium sollte für mich von Anfang an »nur« als Einstieg in besser dotierte Stellen dienen. Diese Einstellung wurde von meinen Professoren nicht so gern gesehen wie eine, die in Richtung wissenschaftlicher Mitarbeiter, Forschung und Lehre, Unikarriere etc. ging. Also fühlte ich mich manchmal etwas exotisch und nicht so anerkannt im Wissenschaftsbetrieb, der mir von Anfang an wie der viel zitierte Elfenbeinturm vorkam.

Uni und Nebenjobs

Ich beschloss daher recht bald, mich nach Praktika und Nebenjobs umzusehen. Zeit hatte man dafür ja genug, vor allen Dingen, wenn man wie ich von den Eltern finanziell unterstützt wurde! Das war natürlich eine entscheidende Voraussetzung dafür, in den Semesterferien unbezahlte Praktika zu machen! Angefangen habe ich bei der Stiftung Lesen und nach einem Auslandssemester in Kanada nach dem Grundstudium fand ich an der Unibuchhandlung einen Nebenjob. Das war wunderbar, denn für den Buchhandel hatte ich mich schon immer interessiert, und ich hatte Glück, dass ich aufgrund meiner Ausbildung eingestellt wurde, denn eigentlich wurden Studenten mit buchhändlerischer Ausbildung gesucht. Ich war damals einfach in die Buchhandlung gegangen und hatte gefragt, ob sie Stellen haben, und eine Woche später hatte ich einen Aushilfsjob.

Zudem fand ich in einem Wiesbadener Fachverlag, an den ich über eine Bekannte gekommen war, einen weiteren Nebenjob im Vertrieb. Hier war meine kaufmännische Ausbildung Voraussetzung für die Einstellung,

obwohl die Arbeit in erster Linie aus Ablage, Dateneingabe und Bestell-
abwicklung bestand ... Nach einem Jahr konnte ich in diesem Verlag auch
an anderen Projekten mitarbeiten. Eigenverantwortlich entwickelte ich
Fragebögen für Umfragen über Zeitschriften des Verlags und wertete die
Ergebnisse aus. Dabei habe ich viel gelernt und bekam wieder in neue
Bereiche des Verlags Einblicke.

Nach dem Grundstudium hatte ich einen guten Wochenplan: Zehn Stunden Unibuchhandlung, vier Stunden Vertrieb und in der verbleibenden Zeit
besuchte ich Vorlesungen und Seminare – schließlich war ich ja schon
an eine 37,5-Stunden-Woche gewöhnt. Zudem beschloss ich, aus meinem
Hobby Singen noch etwas mehr zu machen, und bewarb mich bei dem
so genannten »Extra-Chor« des Staatstheaters Mainz und wurde dort
angenommen. So kam ich zu meinem dritten und schönsten Nebenjob,
nämlich dem bezahlten Singen im Chor am Theater. Da waren die Proben
und Aufführungen ja abends und am Wochenende, und diesen Job habe
ich erst bei der Anmeldung zur Magisterprüfung aufgegeben.

In den Semesterferien machte ich weitere Praktika und über das Studium verteilt sah meine Rubrik »Praxiserfahrung« schon recht ordentlich
aus. In meinen Jobs und Praktika lernte ich das, was für mich wichtiger
war als die Inhalte an der Universität, denn ich bekam Einblick in verschiedene Firmen und deren Organisation und – was wohl das Entscheidende ist – in mögliche Berufsfelder bzw. in Berufe, die in keinem Nach-
schlagewerk eines Berufsinformationszentrums oder Arbeitsamts standen.
Zudem lernte ich mehr über meine Fähigkeiten kennen, aber auch über die
Dinge, die mir nicht liegen oder die Tätigkeiten, die mich nicht so interessierten. Rückblickend fand meine Berufswahl eher über das Ausschließen
von möglichen Berufen statt als durch Verfolgen eines klaren Berufsziels.

Aber von dieser Unsicherheit habe ich mich eigentlich nicht ängstigen
lassen, denn aufgrund meiner Ausbildung und der Erfahrungen in den
Nebenjobs war ich zuversichtlich, dass ich irgendeine Büroarbeit nach dem
Studium finden würde.

Die größte Hürde im Studium war für mich, mich mit bestimmten
Gegebenheiten von Unistrukturen anzufreunden. Das heißt, dass einem
Studenten, der einfach schnell seine Scheine machen wollte (was man so
am besten nie laut gesagt hat an der Uni ...) insofern Steine in den Weg
gelegt wurden, dass durch Forschungssemester oder Ähnliches bestimmte
Kurse nicht angeboten wurden oder der Professor, bei dem man eigentlich

seinen Magister machen wollte, die Uni wechselte und derjenige, zu dem man wollte, erst einmal verlangte, dass man bei ihm eine Hauptseminararbeit anfertigte etc. Dadurch habe ich ein ganzes Semester verloren. Trotzdem hatte ich nach acht Semestern meine Scheine zusammen und meldete mich mit dem Thema »Die Wahrnehmung der Wirklichkeit in der Literatur der Décadence am Beispiel von Rilkes Roman ›Malte Laurids Brigge‹, Hugo von Hofmannsthals ›Das Märchen der 672. Nacht‹ und Friedrich Huchs ›Mao‹« zur Magisterprüfung an. Das Schreiben der Magisterarbeit war schon eine einsame Zeit, die viel Selbstdisziplin erforderte. Wenn man meine Prüfungsthemen aus den anderen Fächern betrachtet, kann man vielleicht ahnen, was ich davon fachlich in mein späteres Berufsleben integrieren konnte: »Massenmedien in Entwicklungsländern«, »Klosterbibliotheken in der Spätantike«, »Die Geschichte des Lesens«, »Die Geschichte des Börsenvereins des Deutschen Buchhandels«, »Die Geschichte des journalistischen Berufes« ...

Das Entscheidende, das ich an der Uni aber gelernt habe, ist, dass ich mich in viele verschiedene Themen schnell einarbeiten kann, dass ich weiß, wie man mit Quellen umgeht und dass ich über literaturwissenschaftliche Kenntnisse verfüge und Prosatexte analysieren kann. Trotzdem ist das eher Detailwissen und ich hätte mir sehr gewünscht, es hätte im ersten Semester z. B. ein Proseminar über deutsche Literaturgeschichte im Überblick gegeben oder ein Einstiegsseminar »Textkritik« oder Ähnliches. Das ging ja gleich los mit einem Seminar über den poetischen Realismus oder die Literatur der DDR oder oder. Das so viel beschworene selbst organisierte Lernen und die Selbstdisziplin glaube ich nicht an der Uni gelernt zu haben, das konnte ich schon vorher und meine Freundinnen, die damit immer schon Schwierigkeiten gehabt hatten, haben diese Schwierigkeiten auch an der Uni behalten. Da war man ja wirklich auf sich alleine gestellt, wenn man einen Schein durch eine Hausarbeit, die man auch noch zwei Jahre nach dem Seminar abgeben konnte, erwerben musste.

Von der Universität in den Beruf

Entscheidend für meine erste Anstellung war mein Nebenjob beim Wiesbadener Universum Verlag, der mir schon vor Abschluss des Studiums eine Stelle in der Presseabteilung des Bereichs »Arbeit, Gesundheit, Umwelt« angeboten hatte. So konnte ich mit gutem Gefühl in die Abschlussprüfungen gehen, denn einen Monat später, im Februar 1994, begann ich in Wiesbaden zu arbeiten. Es war eine Assistenzstelle und fachlich musste ich mich vollkommen in den Bereich der Arbeitssicherheit einarbeiten, aber ich war froh, wieder mein eigenes Geld zu verdienen!

Nach meiner Abschlussarbeit hat mich übrigens seit der Uni niemand mehr gefragt und bei allen Vorstellungsgesprächen, die später noch kamen, wurde der Abschluss sozusagen dankend zur Kenntnis genommen und befragt wurde ich ausschließlich nach meinen praktischen Erfahrungen. Als Assistentin in der Werbeabteilung hatte ich mit dem Verfassen von Pressetexten und mit Autorenbetreuung, aber auch mit der Entwicklung von den damals so genannten »neuen Medien« zu tun, ein Feld, das mich sehr interessierte und in dem ich mich privat schon weitergebildet hatte. Mein Chef hatte damals z.b. noch gar keinen PC am Arbeitsplatz und kannte CD-ROMs nur aus der Theorie. Das war für mich eine Chance, mich in dem Bereich zu beweisen, denn damals wurde im Verlag ein etabliertes Wörterbuch als CD-ROM konzipiert. Insofern schaute ich über den Tellerrand der Pressearbeit weit hinaus und hatte sogar noch die Möglichkeit, für eine Zeitschrift eine Anzeigenabteilung aufzubauen. Viele Kenntnisse aus meiner Ausbildung kamen mir hier wieder zugute!

Von der Angestellten zur Unternehmerin

Nach einem Jahr kündigte ich – größtenteils aus privaten Gründen – diese Stelle. Das war der erste »Einschnitt« in meinem bis dahin perfekten Lebenslauf. Aber durch Veränderungen in meinem Privatleben hatte ich das Bedürfnis, insgesamt neu aufbrechen zu müssen. Ich hatte Lust, in neue Bereiche reinzuschnuppern, und interessierte mich für Fernsehen und Theater. Mein Bruder hatte in Hamburg eine kleine Firma und hatte mit Künstlern, Theater und vielen anderen kreativen Bereichen zu tun, sodass ich beschloss, nach Hamburg zu ziehen und bei ihm erst einmal ein Praktikum zu absolvieren. Dort blieb ich drei Monate und beschäftigte mich mit Künstlermanagement, Gastspielen und Theatershows. All das machte mir sehr viel Spaß, aber auch diese Zeit ging einmal zu Ende. Über einen Bekannten kam ich zu dem wohl kürzesten und skurrilsten Praktikum meines Lebens. In den Bereich Fernsehen wollte ich immer schon reinschnuppern und so kam ich zu der Firma MME, die Bravo TV und die Sendung »Peep« produzierte. So saß ich also – damals noch »Emma«-

Abonnentin – in einer Redaktion für Erotik! Lange habe ich es dort nicht ausgehalten, denn man musste sich schon morgens um 10.00 Uhr mit »erotischen« Themen beschäftigen – mir fiel da nicht viel ein und all die schicken, leicht hysterischen Redakteurinnen um mich herum machten mir eher Angst. Nein, das war nichts für mich, aber zumindest hatte ich eine Redaktion beim Fernsehen mal von innen gesehen. Als ich dieses Praktikum abbrach, warnten mich viele im Team davor aufzuhören. Bei »Peep« würde es bergauf gehen, die Quoten seien toll und ich könnte dort sicherlich Karriere machen. Zum Glück habe ich mir damals keine Angst machen lassen und meiner inneren Stimme vertraut. Trotzdem begann jetzt eine harte Zeit. Ich begann, mich bei Verlagen zu bewerben, aber brachte es noch nicht einmal zu einem Vorstellungsgespräch – trotz meines doch ansehnlichen Lebenslaufes. Nebenbei jobbte ich beim Operettenhaus Hamburg, also bei »Cats« und saß dort am Bühneneingang, spielte Telefonistin und war verantwortlich für das Einlassen der »Katzen«-Darsteller, des Orchesters etc. ... Das war schon eher ein Tiefpunkt für mich, denn zwar hatte ich vage die Ahnung, dass ich doch lieber was mit Verlagen und Büchern zu tun hätte als mit Fernsehen und fühlte mich sehr wohl in Hamburg, aber die Aussichten waren düster, ich hatte mich bei fast allen Hamburger Verlagen beworben. Silvester 1995 beschloss ich daher, Hamburg wieder zu verlassen, falls sich anderswo eine Stelle für mich auftun sollte. Einen Hoffnungsschimmer gab es schon: Im Oktober 1995 war ich nach Frankfurt auf die Buchmesse gefahren und hatte mich bei Verlagen nach Praktika im Lektorat erkundigt. Lektoratserfahrung in der Belletristik hatte ich ja noch nicht und wenn ich da hinwollte, musste ich wohl oder übel noch einmal in den sauren Apfel beißen und ein unbezahltes Praktikum in Kauf nehmen. Eine Zusage hatte ich für Mai 1996 bei Reclam Leipzig und ich stand noch auf der Warteliste beim Hamburger Argument Verlag, aber mir wurde gleich gesagt, dass da für 1996 eigentlich alles schon voll war. Dann geschah das Wunder: Ende November rief mich der Argument Verlag an und fragte, ob ich schon im Januar 1996 anfangen könnte, jemand sei abgesprungen. Natürlich sagte ich sofort zu und begann wieder Hoffnung zu schöpfen. Gut gelaunt begann ich im Januar 1996 bei dem Team der Argument-Krimireihe, den Ariadne-Krimis zu arbeiten. Ich lernte zum ersten Mal das Lektorat eines Belletristikverlags kennen. Eines Tages entdeckte ich dort einen Ordner mit der Aufschrift »literarische Agenturen«. Die Cheflektorin erklärte mir, dass es Agenturen in

Deutschland gebe, die ausländische Verlage vertreten und bei denen die deutschen Verlage ihre Übersetzungslizenzen einkaufen. Das klang ja spannend: international tätig sein, mit vielen verschiedenen Kunden zu tun haben und Projekte zu betreuen! Sofort machte etwas in mir »klick« und ich wollte unbedingt mehr über diesen Beruf, von dem ich noch nie gehört hatte, wissen. Die Lektorin vermittelte mir ein Gespräch mit Brigitte Axster, einer literarischen Agentin in Frankfurt, doch zuvor tat sich noch etwas anderes: Eine Kollegin im Verlag erzählte mir von einer Personalagentur speziell für Leute aus der Verlagsbranche, Irene Naumczyk in Bayern. Dorthin schickte ich sofort meine Bewerbungsunterlagen und wurde in die Kartei aufgenommen – was schon einmal eine gute Nachricht war. Zwei Wochen später rief sie mich an und erzählte mir von einer Stelle in Frankfurt in einer kleinen Firma. Gesucht wurde eine Assistenz der Geschäftsführung und ich bekam tatsächlich eine Einladung zu einem Vorstellungsgespräch und – um es kurz zu machen – eine Zusage für die Stelle, ab März 1996. Die Reise zum Vorstellungsgespräch verband ich mit dem Besuch bei der literarischen Agentur von Brigitte Axster, die mir viel und herzlich über ihre Firma bzw. über das Berufsbild der Literaturagentin Auskunft gab. Nun wusste ich jedenfalls etwas über diesen spannenden Beruf und trat meine Stelle in Frankfurt an. Mein Tätigkeitsbereich bestand in der Betreuung eines transnationalen Multimediaprojekts, das mit einem Brüsseler Programm finanziert wurde. Alles war sehr spannend und ich hatte ja schon im Wiesbadener Verlag viel mit den damals so genannten »neuen Medien« zu tun gehabt. Es war ein großes Projekt und ich arbeitete von früh bis spät im kleinsten Team, denn außer meinem Chef und mir gab es dort nur noch eine Büroaushilfe. Leider hatte die Firma Liquiditätsengpässe und konnte mir mein Gehalt nach drei Monaten nicht mehr pünktlich und dann gar nicht mehr zahlen. Es begann eine unschöne Zeit, die mit Kündigung und mit Mahnbescheiden endete. Mit meinem Chef hatte ich mich überworfen, nun war ich arbeitslos in Frankfurt! Das war bislang die schlimmste Erfahrung meiner beruflichen Laufbahn, denn zu Frankfurt hatte ich irgendwie keine Beziehung, hatte die Stadt vor lauter Arbeit noch gar nicht kennen gelernt und war nach sechs Monaten wieder so weit, wie ich es in Hamburg gewesen war. Zum Glück hatte ich noch ein paar Freundinnen aus Studienzeiten in Frankfurt und Umgebung, sonst hätte ich mich schon sehr verloren gefühlt. Jedenfalls fasste ich dennoch den Mut und schrieb Brigitte Axster einen Brief, in dem ich das letzte halbe Jahr kurz umriss und fragte, ob ich nicht einmal vorbeikommen könnte. Und siehe da – eine mehr als glückliche Fügung trat ein: Sie suchte langfristig eine freie Mitarbeiterin in der Agentur, weil sie sich entschlossen hatte, sich langsam auf ihren Ruhestand vorzubereiten und ihre langjährige Kollegin wollte ebenfalls etwas kürzer treten. Ich begann also mal wieder mit einem unbezahlten Praktikum und arbeitete stundenweise immer mehr in der Agentur mit. Leider ging auch diese Zusammenarbeit, bei der ich alle Grundlagen über die Tätigkeiten einer literarischen Agentin lernte, anders als geplant auseinander. Als Brigitte Axster die Firma an mich verkaufen wollte, konnten wir uns über die finanziellen Bedingungen nicht einigen und trennten uns. Für sie hieß das, wieder eine neue Nachfolgerin suchen zu müssen, und ich stand vor der Wahl, entweder arbeitslos zu sein oder das Geld, das ich in eine Übernahme gesteckt hätte, in den Aufbau einer eigenen Firma zu investieren. Sicherlich kann man es nach dem bisher Geschriebenen nachvollziehen, dass ich mich sehr danach sehnte, keinerlei derartige Abhängigkeiten mehr zu haben, sondern stattdessen meine eigene Chefin werden wollte. Und so machte ich mich selbstständig und gründete im Juli 1998 mit 31 Jahren die Firma *Scripts for sale.*

Von der Einzelkämpferin zum Team

Von heute aus betrachtet war es vielleicht schon eine riskante Entscheidung, sich selbstständig zu machen, wobei ich mir von Anfang an vorgenommen hatte, dass ich wieder damit aufhören würde, falls ich z. B. nach einem Jahr noch keinen Auftrag vermittelt hätte. Ich sah es als einen Versuch an, ob ich mir aus eigenem Antrieb auf dem damaligen Markt eine Existenz aufbauen konnte. Zugleich wusste ich sofort, dass ich mich noch nach einem Zusatzbereich umschauen musste, den andere Agenturen in dieser Art und Weise noch nicht hatten, um mich zu spezialisieren. In der Agentur von Brigitte Axster gab es für die deutschen Autoren eine Medienagentur, die für den Verkauf der Film- und Hörspielrechte zuständig war. Ich hatte also, wenn nur grob, in diesen Bereich hineingeschnuppert, der mich brennend interessierte. Allein das Know-how fehlte mir aus dem Bereich Film und TV und so beschloss ich, mich nach einer Partnerin umzuhören, die Interesse hatte, mit mir solch einen Bereich aufzubauen. Noch heute steht das Datum des Anrufs bei Elke Brand, die mir von einer ehemaligen Studienfreundin empfohlen worden war, in meiner

Adressdatei, denn ohne diesen Anruf hätte sich *Scripts for sale* nie so rasch zu dem entwickelt, was es heute ist. Elke Brand war Filmdramaturgin, hatte schon als Producerassistentin gearbeitet und war zum damaligen Zeitpunkt freie Dramaturgin oder im Fachjargon: Script Consultant in Hamburg. Das Telefonat war äußerst spannend, und ich beschloss, sie in Hamburg zu besuchen. Gleich beim ersten Treffen arbeiteten wir ein Angebot bzw. eine Nische aus, in der wir gemeinsam als Agentur tätig werden könnten. Neben dem Angebot für Drehbuchautoren entwickelten wir eine Möglichkeit für Verlage, wie sie durch uns effizient und ökonomisch ihre Filmrechte im Filmmarkt anbieten und verkaufen konnten. Wir beschlossen, zunächst unsere Einzelfirmen zu behalten (Elke Brand ihr Script-Consulting-Büro und ich die Literaturagentur) und gleichzeitig eine gemeinsame Medienagentur zu gründen, in der wir diesen Geschäftszweig ausprobieren wollten und uns auch als Team – in zwei verschiedenen Städten! Noch ohne Briefpapier für den gemeinsamen Bereich hatten wir mit unserem schriftlichen Angebot einen Termin bei der Verlagsgruppe Bertelsmann, heute Random House. Dieser Termin gehört zu einer der glücklichen Fügungen, die man wohl für jede Existenzgründung braucht: Schon während des Gesprächs erhielten wir die Zusage für eine exklusive Vertretung für Filmrechte und auf einmal waren wir Newcomer diejenigen, die diesen wichtigen Kunden vertraten. Parallel dazu konnten wir die ersten Drehbuchautorinnen und -autoren gewinnen. Schon nach einem Jahr hatten wir auf dem Markt ein ganz gutes Standing und die Firma entwickelte sich weiter, bis wir 2001 alle Bereiche zusammenschlossen und es heute eine gemeinsame Medienagentur *Scripts for sale* gibt. Am Rande sei erwähnt, dass Elke Brand ebenfalls in Mainz studiert hatte und bei dem gleichen Professor ihre Magisterarbeit geschrieben hatte wie ich ... Es gab also viele Gemeinsamkeiten!

Was macht die Medienagentur Scripts for sale?

Scripts for sale hat heute vier Geschäftsbereiche: Wir vertreten Drehbuch- und Romanautoren und Verlage, für die wir die Filmrechte an Romanstoffen verkaufen. Daneben gibt es noch den Bereich des »Script Consulting«. Wir sind also klassische Vermittler von Rechten und agieren auf dem Buch- und Filmmarkt. Unsere Arbeit besteht aus dem Prüfen von Manuskripten,

Exposés, Drehbüchern, aus der Akquise und dem Verkauf von Projekten und dem Verhandeln von Verträgen. Ein großer Teil unserer Arbeitszeit besteht aus Kontaktpflege und Kontaktaufbau. Denn wenn man heute Stoffe – egal ob Manuskripte oder Drehbücher – verkaufen will, sind die persönlichen Kontakte entscheidend.

Die Qualifikationen, die man zu unserem Beruf braucht, sind Kommunikationsfreude, Neugierde, Lust auf Geschichten, Auseinandersetzung mit Texten und Skripten und Entscheidungsfreude und Verantwortungsbereitschaft. Auch Reisen und Unterwegssein bringt der Beruf mit sich, denn der Besuch von Messen und Festivals ist eine Pflicht, die zwar sehr interessant und spannend ist, aber übers Jahr verteilt manchmal belastend werden kann. Meine kaufmännische Ausbildung kommt mir dabei bis heute zugute und ich bin im Team die kaufmännische Geschäftsführerin und diejenige, die sich vornehmlich mit Buchhaltung und ähnlichen Dingen befasst. Zudem obliegen mir sämtliche Vertragsverhandlungen für Verlags- und Filmverträge, ein Bereich, in dem ich von einem Fachanwalt für Urheberrecht unterstützt werde. Alle Infos über die Agentur findet man aktuell unter www.scriptsforsale.de.

Im kleinen Team erleben wir sehr oft die Vorteile gegenüber größeren Einheiten, schneller reagieren zu können, und daher möchten wir im Kern eine vom Personal her gesehen kleine Agentur bleiben. Im letzten Jahr haben wir eine Volontärin eingestellt und es ist ein Ziel, langfristig eine Mitarbeiterin, eines Tages vielleicht eine Sekretärin beschäftigen zu können. Ansonsten soll alles so bleiben wie es ist, es ist der beste Beruf, den ich mir für mich vorstellen kann und trotz manchmal großer Widrigkeiten der Buch- und Filmmärkte möchte ich es nicht missen, mich mit den Dingen zu beschäftigen, die ich sowieso am liebsten mache: lesen und Filme schauen.

Tipps und Netzwerke

Man kann nicht genug praktische Erfahrungen sammeln und während des Studiums hat man in der Regel gute Gelegenheiten dazu, vor allen Dingen wenn man das Glück hat, finanziell unterstützt zu werden, denn leider werden Praktika meistens nicht oder nur gering bezahlt. Aber auch wenn man nicht so genau weiß, was man werden möchte, kann man ja vieles ausprobieren und so langsam bekommt man sicher ein Gefühl dafür, was man

auf keinen Fall werden möchte oder welche Bedingungen für einen einfach
nicht gehen und so lernt man sich und seine Fähigkeiten immer besser
kennen und entdeckt vielleicht Berufe, die in keinem offiziellen Handbuch
stehen! Man kann nicht genug über den Tellerrand hinausschauen und
selbst in Nebenjobs, die man einfach braucht, um Geld zu verdienen, wie
im Call-Center oder an einer Rezeption, lernt man sicherlich Dinge, die
einem später in irgendeiner Form nützlich werden können, z.B., ob man
gerne mit Menschen zu tun hat oder lieber alleine arbeitet oder oder oder.
Vielseitigkeit zahlt sich sicherlich aus, die New Economy hat glücklicherweise dazu geführt, dass es heute nicht mehr der geradlinige Lebenslauf
ist, der einen Arbeitgeber überzeugen wird, sondern das Gesamte, was ein
Mensch an Qualifikationen mitbringt.

Erwähnen möchte ich zum Schluss die Netzwerke, die es in jeder Branche gibt und die sich gerade Frauen zu Eigen machen sollten. Für meine
Branche sind z. B. die »Bücherfrauen« zu nennen, die in ganz Deutschland
tätig sind und bei denen ich jahrelang Mitglied war. Dort trifft man viele
Frauen mit interessanten Berufen, die sich entschieden haben, ein berufliches Netzwerk aufzubauen, und man kommt an wichtige Informationen
und Tipps zur Weiterbildung. Elke Brand ist außerdem Mitglied im Verband
deutscher Film- und Fernsehdramaturgen (siehe Literaturhinweise) und
ich werde in zwei Wochen eine Weiterbildung besuchen bei den »Business
and Professional Women, Germany«, von denen ich neulich erst gehört
habe. Es hört also nie auf mit dem Vernetzen und Weiterbilden! Als
Agentur sind wir zudem Fördermitglieder in Autorenvereinigungen, wie
z. B. im »Syndikat« (Krimischriftsteller) oder in »Quo Vadis« (Autoren von
historischen Romanen). Zudem bin ich als Expertin im autorenforum.de
tätig und veranstalte regelmäßig Seminare zur Professionalisierung von
Autoren.

Mut tut gut! –
Vom Abi zum Beruf

Drehbuchautorin
und Fernsehjournalistin

Rückblick

Also, ehrlich gesagt, dass ich mal im journalistischen Bereich landen würde, hätte ich früher nie gedacht. Was ich schon alles werden wollte – Tierärztin, Innenarchitektin, Designerin! Lange Zeit hatte ich auch überhaupt keine Idee von meiner beruflichen Zukunft. Bücher lesen war nie so recht mein Ding. Und eine begnadete Schreiberin war ich auch nie. Es gab nur ein paar prägende Erlebnisse. Als ich ungefähr zehn Jahre alt war, brachte mein Vater einen Kassettenrekorder mit nach Hause. Damit konnte ich mich stundenlang beschäftigen. Zusammen mit meiner Freundin bastelte ich kleine Hörspiele. Und als ich meinen ersten Fotoapparat bekam, inszenierte ich kleine Geschichten mit meinem Puppenhaus. Während dieser Zeit habe ich mich auch ab und zu mal bei unserer Tageszeitung an einer Kinderseite beteiligt, habe selbst gemalte Bilder und Ge-schichten eingeschickt, die dann abgedruckt wurden. Das fand ich toll. In der Schule interessierte ich mich später für die Theater AG. Damals liebäugelte ich manchmal mit dem Gedanken, auf eine Schauspielschule zu gehen. Das war aber nur eine vorübergehende Phase. Ohne dass ich es selbst bemerkte, entwickelten sich meine privaten Interessen schon sehr früh in die »richtige« Richtung.

Meinen beruflichen Entwicklungs- und Werdegang würde ich in drei Altersabschnitte einteilen:

Angelika Stoll,
Jahrgang 1963, zwei Kinder, studierte von 1988 bis 1995 Germanistik, Pädagogik und Politologie an der Technischen Universität Darmstadt. Danach arbeitete sie als Autorin und redaktionelle Mitarbeiterin für verschie-dene Kinder- und Jugend-sendungen (ZDF, KIKA, RTL II).
Während ihrer freien Mitarbeit beim ZDF war sie auch zwischenzeitlich als Redakteurin bei T-Online tätig.

- Von 20 bis 25 (Sturm und Drang)
- Von 26 bis 30 (jetzt wird's ernst)
- Von 31 bis … (zwar da, wo ich hinwollte, aber noch lange nicht angekommen)

Von 20 bis 25

Meine berufliche Laufbahn fing, wenn man es genau nimmt, schon einige Zeit vor meinem Studium an. Nach dem Abitur hatte ich zu allem anderen Lust, nur nicht zum Studieren. Ich wollte erst mal die Welt kennen lernen und nicht schon wieder die Schulbank drücken. Also stieg ich in das Geschäft meines damaligen Freundes ein und war für ein paar Jahre als fliegende Händlerin unterwegs, verkaufte Schmuck und Holzspielzeug, bekam ein süßes Töchterchen und hatte viel Zeit zum Nachdenken. Zusammenfassend war diese Zeit zwar etwas brotlos, aber auch sehr vielseitig und lehrreich. Ich hatte plötzlich mit vielen verschiedenen Menschen zu tun und musste mich selbst organisieren lernen. Irgendwann kam ich aber ins Grübeln. War das wirklich schon alles? Hatte ich mich dafür mit dem Abitur abgemüht? Ich wollte mehr, hatte mittlerweile auch schon eine Idee, in welchen Fachbereich der Technischen Universität (TU) Darmstadt, damals noch Technische Hochschule (TH), meine Neugier am besten passte.

Studium

Hauptfach: Germanistik mit den beiden Schwerpunkten Sprach- und Literaturwissenschaft. Da waren sie wieder, die Themen, die mich schon in meiner Kindheit interessierten: Praxis des Theaters, Praxis der Presse, Sprache der Medien. Seminarangebote aus dem Bereich Sprachwissenschaft, die mir quasi mitten ins Herz sprangen. Was ich damals noch nicht merkte, wurde mir langsam klar: Es waren die Medien und der Journalismus, mit denen ich mich beschäftigen wollte.

Erstes Nebenfach: Pädagogik. Wie nahe liegend! Meine Tochter war im allerbesten Kindesalter, meine privaten und beruflichen Interessen befanden sich unter einem Hut. Während des Pädagogikstudiums beschäftigte ich mich mit Grundlegendem und Modernem. Mit alten Theorien wie Rousseau und neuen, medienkritischen Ansätzen wie »Das Verschwinden der Kindheit« von Neil Postman. Das passte gut zu meiner Journalismus-Idee, wollte ich mich doch von Anfang an auf Kindermedien festlegen, so viel stand schon mal fest. Eine pädagogische Grundlage war dafür sicher nicht verkehrt. Auch die Beschäftigung mit dem Thema Kindheitsgeschichte war für meine jetzige Tätigkeit sehr nützlich.

Zweites Nebenfach: Politikwissenschaft. Wer mit Medien zu tun hat, sollte sich auch mit der Welt, in der er lebt, ein wenig auskennen, dachte ich mir. Und so biss ich mich auch durch diesen Studiengang tapfer durch.

Als meine berufliche Idee sich langsam verfestigte, arbeitete ich immer zielgerichteter. Ich wählte die Vorlesungen und Seminare, die das Puzzle am sinnvollsten ergänzten. Doch trotz der immer klarer werdenden Konturen meiner beruflichen Idee hatte ich keine konkrete Vorstellung von meinem Beruf.

Von 26 bis 30
Jobs – Kind und Studium – Abschluss

Was mir immer wieder einen Schritt weitergeholfen hatte, war die Praxis. Während des Studiums probierte ich mich in verschiedenen Bereichen aus, um zu testen, ob ich meine beruflichen Ideen auch umsetzten konnte. Mein erstes Projekt war eine Kinderseite, die ich für den Freitagsanzeiger von Mörfelden-Walldorf und Kelsterbach mithilfe des damaligen Chefredakteurs und jetzigen Geschäftsführers Werner Nies entwickelte. Damals habe ich, dank Werner Nies, viel über das Zeitungmachen gelernt. Am beeindruckendsten fand ich das Erstellen des Layouts. Damals wurden die einzelnen Teile, wie Bilder, Schriften und Texte, aus denen eine Zeitungsseite bestand, mit Wachs auf ein Papier geklebt. Heute, nach fast zehn Jahren, haben Werner Nies und ich wieder Kontakt – und vielleicht gibt es auch bald wieder eine gemeinsame Kinderseite …

(Übrigens: Auch im »Darmstädter Echo« gab es mal eine Kinderseite von mir.)

Mit der Erfahrung wurde ich immer mutiger. Habe dafür natürlich auch immer wieder den einen oder anderen Rückschlag in Kauf nehmen müssen. Zu dieser Zeit lernte ich neben dem Studium viel über Management. Mittlerweile war ich nämlich allein erziehende Mutter. Da war Hilfe nötig. Doch (meiner Mutter sei Dank!) hat es immer wieder irgendwie geklappt, dass ich spontan für eine Seminararbeit oder einen Zeitungsartikel unterwegs sein konnte und mein Töchterchen gut untergebracht war. Später organisierte ich mit Freunden eine Kindergruppe, so etwas gab es nämlich vor gut 20 Jahren noch nicht so häufig.

Als mein Studium sich langsam dem Ende zuneigte, wurde ich immer mutiger. Inzwischen hatte ich einen neuen Partner und es ging mir auch privat wieder gut. Für meine Magisterarbeit hatte ich mir ein ganz besonderes Thema ausgedacht. Ich wollte beliebte Kinderzeitschriften, wie »Micky Maus« oder »Fix und Foxi« auf ihre sprachlichen und inhaltlichen Merkmale untersuchen. Mein Weg führte mich zum Egmont Ehapa Verlag, bei dem ich nach einem tollen Interview und neuen Erkenntnissen auch noch einen neuen Job mit nach Hause brachte. Von nun an schrieb ich für die Pferdezeitschrift »Wendy« kitschige Kurzgeschichten (das liegt mir besonders!). Einige Zeit später bekam ich von einem anderen Verlag aus diesem Umfeld auch noch die Aufgabe, die Fotogeschichten für das Fanmagazin einer bekannten Fernsehserie zu schreiben (fängt mit »Gute Zeiten« an, hört mit »Schlechte Zeiten« auf). Ich war auf Wolke sieben!

Inzwischen bereitete ich mich auf den Abschluss meines Studiums und die Geburt meines zweiten Kindes vor. Nach der Geburt meines Sohnes war dann mal wieder Management gefragt. Ein Glück, dass der kleine Kerl einen langen und gesunden Schlaf hatte. Der Tagesablauf war straff organisiert: Morgens Töchterchen in die Schule und Mann zur Arbeit schicken, Sohn versorgen, zwei bis drei Stunden konzentriert arbeiten. Mittagessen, dann normaler Alltag bis abends. Meistens kam ich erst ab 21 Uhr wieder an den Schreibtisch zurück. Aber gerade diese Abendstunden waren sehr ergiebig. Das Ganze dauerte ungefähr ein halbes Jahr und funktionierte gut, bis mein Sohn langsam immer aktiver wurde. Mit Tagesmutter und Krabbelstube hat dann aber doch alles hingehauen. Fehlten nur noch die schriftlichen und mündlichen Prüfungen.

Als ich mit meinem Sohn auf dem Arm eines morgens Zeitung las, fiel mir ein Bericht über eine junge Frau auf, die ganz in der Nähe wohnte und Mitarbeiterin im ZDF-Kinderprogramm war. Wie gesagt, zu dieser Zeit war ich sehr mutig. So mutig, dass ich gleich zur Tat schritt und beim ZDF anrief, um mich zu bewerben. Dass man da nicht unbedingt auf eine über 30-jährige Mutter mit zwei Kindern wartete, war mir schon klar, aber schließlich kam ich ja nicht mit leeren Händen. Ich hatte eine gute Idee in der Tasche. Dass ich kurze Zeit später eine Stelle als Hospitantin angeboten bekam, noch bevor mein Studium ganz abgeschlossen war, lag wohl daran, dass meine Begeisterung übergesprungen war. Es wurde eine neue Sendung für Jugendliche geplant und der Redakteurin hatte die Idee meiner »Fotolovestory«, die später auch tatsächlich in der Sendung umgesetzt wurde, gut gefallen. Meine Motivation, das Studium schnell abzuschließen, war natürlich jetzt entsprechend hoch.

Rückblickend auf diese Zeit kann ich nur jedem Studierenden ans Herz legen, sich auch manchmal auf seine Intuition zu verlassen. Macht euch irgendein Thema neugierig und wollt ihr gerne mehr davon wissen? Dann »ran an den Speck«! Aus eigener Erfahrung kann ich sagen, dass meine Neugier und Euphorie für die Themen ein ganz großer Helfer während des Studiums waren. Auch wenn man sich noch nicht klar ist, wohin das Studium führen soll und vor allem, was man am Ende damit überhaupt machen kann, ist das nicht immer ein Grund zur Sorge. Ich glaube, dass sich spezielle Interessen auch während dieser Zeit entwickeln können.

Für die Abschlussarbeit noch einen Tipp: Man sollte sich nach einem Mentor umschauen, der einen in der Zeit der Magisterarbeit »geistig begleitet«. Weil ich zu meinem Thema »Sprachliche Tendenzen von Kinderzeitschriften« an unserer Universität leider niemanden fand, mit dem ich mich austauschen und der mir ein bisschen auf die Sprünge helfen konnte, bin ich eben selber auf die Suche gegangen – und im Institut für Deutsche Sprache in Mannheim fündig geworden. Ich hatte riesiges Glück, dass ich gleich auf Dr. Peter Schröder traf, dem ich an dieser Stelle noch mal ganz herzlich für sein Engagement danke. Er glaubte an meine Idee und half mir, auch die schwierigen Zeiten zu überbrücken. Wir sind auch heute noch im Brief- und Mail-Kontakt. Mittlerweile wohnt Dr. Schröder allerdings in Norwegen.

Von 31 bis ...
Beruf

Wie ich schon angesprochen habe, war ich ja bereits seit meinem Abitur berufstätig, ob als »fliegende Händlerin« oder während des Studiums als Autorin für Zeitungen, Zeitschriften und einmal auch fürs Radio. Zeitweise auch als Kellnerin. Und trotzdem: Der bewusste Einstieg ins Berufsleben fand für mich tatsächlich aber erst nach dem Studium statt.

Fernsehen

Ich verbrachte also drei Monate als Hospitantin in der ZDF-Redaktion
»Dr. Mag love«, einem Magazin für Heranwachsende mit dem Thema
Sexualität und Freundschaft. In dieser Zeit wurde ich mit allen formalen
Abläufen einer Redaktion vertraut gemacht. Danach ging meine eigent-
liche Tätigkeit als Autorin los. Ich schrieb zu Hause die Drehbücher für die
Fotolovestory, die aus fünfminütigen Einspielteilen bestand, begleitete die
Dreharbeiten und war auch beim Schnitt dabei. In dieser Zeit lernte ich
sehr viel übers Fernsehen – und fand heraus, dass mir die kurzen Forma-
te gut gefielen. Während des Studiums hatte ich mich viel mit dem Thema
»gesprochene Sprache« beschäftigt. Aus diesem Fundus und aus meiner
Erfahrung als Zeitungsjournalistin konnte ich jetzt schöpfen. Ich fand
heraus, dass das Drehbuchschreiben nur bedingt etwas mit Kreativität zu
tun hat. Vielmehr ist es ein Handwerk, das man von der Pieke auf lernen
muss. Man hat eine Idee für eine Geschichte und muss diese in einer
vorgegebenen Zeit umsetzen. Damals schrieb ich auch ab und zu kleine
Geschichten für die Pausenfüllersendung »Vampy« beim Privatsender
RTL II. Die Länge war auf eine Minute (!) festgelegt. Das fand ich immer
wieder sehr spannend. Später bekam ich auch mal den Auftrag, für den
KIKA (Kinderkanal) Naturereignisse, zum Beispiel wie Hagel entsteht, oder
technische Zusammenhänge (wie kommt das Bild auf den Fernseher?) in
ebenso kurzer Zeit zu erklären. Ich komme jetzt noch ins Schwitzen, wenn
ich daran zurückdenke.

Nach meiner Zeit als Hospitantin und Drehbuchautorin konnte ich das
Gelernte danach gut bei verschiedenen Beiträgen weiterverwenden, die
ich bis heute für den KIKA und das ZDF-Kinderprogramm erstelle. Ich
erinnere mich noch, wie ich mich freute, als ich meinen ersten Auftrag
bekam. Damals sollte zum Thema »Meine Eltern haben ein doofes Hobby«
ein Beitrag erstellt werden. Ich dachte mir eine Geschichte aus, in der ein
Junge immer mit seinen Eltern in den Schrebergarten fahren muss.

Um einen eigenen Fernsehbeitrag zu erstellen, muss man sich mit einer
bestimmten Arbeitsweise vertraut machen. Anders als beim Schreiben fik-
tionaler Geschichten arbeitet man mehrschichtiger, schreibt zu einem
Thema das Drehbuch, führt aber auch Regie und begleitet den Schnitt. Da
ist viel Management gefragt. An was man da alles denken muss! Schon die
Auswahl der Darsteller ist gar nicht so einfach, handelt es sich doch um ein

szenisches Stück. Bei Kindern braucht man auch noch eine Genehmigung von Schule, Arzt, Jugendamt und Eltern. Die Requisiten müssen organisiert, die Drehorte ausgeguckt (samt Drehgenehmigung) und ein Ablaufplan muss erstellt werden. Das verläuft selten ohne irgendwelche Komplikationen und man braucht Nerven wie Drahtseile. Bevor alles losgeht, muss man sich natürlich erst mal mit der Redaktion über den Inhalt des Beitrags und mit den Mitarbeitern der Produktion über Kosten und Disposition (welche Kamera- beziehungsweise Tonausrüstung gebraucht wird etc.) abstimmen. Wenn der Beitrag dann gesendet wurde, ist die Arbeit noch lange nicht fertig. Es gibt dann noch ein paar abschließende Aufgaben zu erledigen, wie die Weiterleitung der Musikdaten an die GEMA (Gesellschaft für musikalische Aufführungs- und mechanische Vervielfältigungsrechte). Manchmal greift man auch auf Archivmaterial von anderen Sendungen zurück. Dafür müssen natürlich im Vorfeld die Rechte geklärt sein.

Seit ca. neun Jahren bin ich nun beim ZDF freie Mitarbeiterin. Um regelmäßiger arbeiten zu können, schaute ich mich auch bald nach einer Tätigkeit als redaktionelle Mitarbeiterin um. Seit fünf Jahren betreue ich die »Musik Boxx«, eine kleine, tägliche Sendung. Hier habe ich viel gelernt, denn auch ein Fernsehsender ist eine Firma mit eigenen Regeln, Hierarchien, »Musts« und »To dos«, die man erst lernen muss. Neben der Abwicklung und Planung des Programms ist im redaktionellen Bereich auch die Kommunikation mit Kollegen und Vorgesetzten sehr wichtig. Für eine Autorin und einen Autor, die beziehungsweise der es gewohnt ist, immer alleine zu arbeiten, ist das natürlich erst mal eine große Umstellung.

Internet

Mein Interesse an den neuen Medien hatte mich auch zwischendurch für zwei Jahre zur Firma T-Online geführt. Das Internet ist die Plattform, auf der alle Bereiche des Journalismus vereint werden können. Und das habe ich für eine kurze Zeit tatsächlich so erfahren. Als Mitarbeiterin des Kids-Portals, das es in dieser Form leider heute nicht mehr gibt, konnte ich zu verschiedenen Themen sowohl Artikel schreiben, Streams (kleine Videos) erstellen, aber auch im Chat-Studio Live- oder so genannte abrufbare »on demand«-Interviews machen. Alles in allem eine tolle Erfahrung, die ich nicht mehr missen möchte. Für mich war es sehr wichtig, mal eine andere Firma kennen zu lernen.

Weiterbildung

Eine andere Methode, mal über den Tellerrand zu schauen, ist die Weiterbildung.

Mittlerweile habe ich schon einige Workshops besucht, die mir sehr
hilfreich für die praktische Arbeit als Autorin und im Umgang mit den ge-
gebenen Geräten und Programmen im Büro waren. Die Seminare wurden
von der ZDF-internen Fortbildungs-Abteilung angeboten. Ich habe aber
auch schon externe Seminare besucht, in denen hauptsächlich Fertigkeiten
für das Drehbuchschreiben vermittelt wurden.

Meine Erfahrung: Das beendete Studium ist für den Beruf eher die Ein-
trittskarte, eine theoretische Grundlage, auf die man bauen kann. Jetzt
gilt es, sich neue Fertigkeiten anzueignen. Schon als Hospitantin oder
Praktikantin hat man bei den meisten Medien die Möglichkeit, sich einzuarbeiten. Und mit der Zeit funktioniert auch die Methode »learning by
doing« ganz gut. Wichtig ist es trotzdem, sich für ein oder zwei Wochenenden mal wieder auf die Schulbank zu setzen und sich von geschulten
Fachleuten die Dinge genauer erklären zu lassen. (Außerdem macht sich
das auch nicht schlecht im Lebenslauf.)

Organisationen – Lobby

Nach all diesen euphorischen Beschreibungen müssen natürlich auch
die Schwierigkeiten erwähnt werden, auf die man trifft, wenn man in den
Medien arbeitet. Als Freischaffender hat man eigentlich erst mal keinen
optimalen Stand. Gerade in der Anfangszeit muss man jedem Job hinter-
herrennen, wenn man überhaupt zum Zuge kommt. Es gibt mehr Leute als
Möglichkeiten, so ist das nun mal bei den meisten Sendern oder Verlagen.
Durch das Internet hatte sich die Lage zuerst ein wenig entspannt, aber
auch hier werden mittlerweile drastisch Jobs reduziert. Die Lage wird sich,
glaube ich, auch in Zukunft nicht viel ändern. Wenn man trotzdem in den
Medien arbeiten will, muss man flexibel bleiben und auch in unterschiedlichen Jobs einsetzbar sein. Deshalb ist es auch nicht verkehrt, sich
berufsnahen Verbänden und Organisationen anzuschließen. Neben dem
beruhigenden Gefühl, dass man einer Gruppe angehört, war für mich
immer auch der Austausch mit Gleichgesinnten sehr wichtig (gerade in der
Anfangszeit). Ich bin seit ca. acht Jahren im Journalistinnenverband.

Gemeinsam mit einer engagierten Gruppe habe ich in diesem Verband schon einiges unternommen und auf die Beine gestellt. Wir haben gemeinsam Ausflüge in verschiedene Medienbetriebe gemacht und auch ein Buch zusammen geschrieben, das seitdem im Handel erhältlich ist (Titel: Frauen in Führungspositionen). Darauf bin ich besonders stolz. Ich schrieb damals über eine Pfarrerin in Kelsterbach. Seitdem ich regelmäßiger im ZDF arbeite, bin ich auch Mitglied in der Gewerkschaftsgruppe ver.di (Vereinte Dienstleistungsgewerkschaft e. V.). An dieser hausinternen Gruppe schätze ich vor allem, dass sie sich stark für die freien Mitarbeiter einsetzt. Das werde ich auch in Zukunft mit meinem Beitrag unterstützen.

Fazit

Was habe ich noch für Ziele? Das Leben bietet mehr als man denkt und Neugierde lohnt sich immer. Vielleicht werde ich ja auch irgendwann mal was ganz anderes machen.

Auf dass euch nie der Mut verlässt, denn Mut tut gut!

Kind, aus dir hätte auch was werden können. Aber du musstest ja studieren.

··

Wie aus einem Langzeit-studenten der deutschen Philologie ein Texter wurde

Gerd Teynor,
Jahrgang 1963, studierte an der Universität Mann-heim von 1983 – 1992 deutsche Philologie, politi-sche Wissenschaft und Me-dienwissenschaft. Er arbei-tete bis 1999 als Texter in verschiedenen Agenturen und später als Leiter der strategischen Planung und der New-Business-Abtei-lung der Haas Werbeagen-tur. Bereits 1997 gründete er die Internet-Agentur GOT Intermedia Agency. 1999 – 2002 war er Geschäftsführer Creation bei Dr. Bochen Inter-national. Seit 2003 ist er geschäftsführender Gesell-schafter und Mitinhaber der Sonnenberg & Teynor Werbeagentur.

Alles hat einen Anfang und ein Ende. Sogar mein Studium. Obwohl dieses, ich traue es mir in Zeiten, in denen sich sogar die SPD für Elite-Universitäten und Hochbegabten-Studen-ten begeistert, kaum zu sagen, 16 Semester dauerte. Dieser Artikel über meinen Weg zum Texter und in die Werbung fängt darum völlig unverfänglich mit einer Geschichte mit meiner Großmutter an.

Meine Großmutter war eine Frau mit einem einfachen Weltbild. Den Bürgermeister konnte man an der Leibesfülle erkennen, da dieser sich im Gegensatz zur übrigen Bevölke-rung nahrhafteres Essen leisten konnte. Was Wunder, dass sie ihre Enkel bedrängte, doch einen »richtigen« Beruf zu erlernen. Nun muss man dem Leser erläutern, dass meine Eltern und meine Geschwister ehrbare Berufe im öffent-lichen Dienst bzw. als Beamte gewählt hatten. Ich war also das schwarze Schaf in der Familie, hatte ich mich doch für so etwas Obskures wie ein Studium entschieden. Noch dazu zu einer eher brotlosen Kombination wie deutsche Philo-logie, politische Wissenschaft und Medienwissenschaft.

Die Zukunft war grün

Zumindest für mich im Jahr 1983. Denn das einzige Hilfsmittel, das ich in einer Mischung aus Naivität und Selbstüberschätzung bei der Wahl meines späteren Berufes zu Rate gezogen hatte, war der Studien- und Berufsratgeber 1982/83, der kostenlos an Abiturienten verteilt worden war. Ich habe diesen grünen Band heute noch.

Für mich war klar: Ich wollte schreiben. Schreiben konnte man als Journalist und als Journalist sollte man schon damals ein Studium, zum Beispiel der deutschen Philologie, vulgo Germanistik, absolviert haben. Zu Beginn des Wintersemesters 1983/84 marschierte ich also an die Uni und begann zu studieren. Politische Wissenschaft hatte ich gewählt, weil man für den Magister-Studiengang zwei Hauptfächer benötigte. Wie interessant sich gerade diese Kombination gestaltete und welche Fähigkeiten ich mir in diesen Wissenschaften aneignen konnte, erfuhr ich jedoch erst später.

Abschreckungsstrategien weckten schon damals meinen Ehrgeiz

Ich wollte schreiben. Schon als Schüler hatte ich die Schülerzeitung mitgestaltet und eigene Theaterstücke und Comics geschrieben. Was mich im Studium erwartete, ließ ich einfach auf mich zukommen.

Umso schockierter war ich daher, als unsere Professorin für Sprachwissenschaft uns in der Einführung in die Linguistik die Illusionen zu rauben versuchte. Gleich in der ersten Vorlesung fragte diese honorige Dame, was wir denn später machen wollten:»Redakteur«, kamen die ersten zaghaften Wortmeldungen.»An die Uni, Journalist, zum Duden oder als Lektor in einen Verlag oder zum Fernsehen«, träumten wir weiter. Frau Harras, so hieß die Professorin, grinste:»An den Universitäten herrscht Einstellungsstopp und bei der hiesigen Zeitung sitzen sogar in der Pförtnerloge studierte Germanisten, die auf einen Seiteneinstieg hoffen«, zerpflückte sie unsere Hoffnungen.»Überlegen Sie also genau, ob Sie sich nicht vielleicht doch für einen Beruf mit Zukunft entscheiden.«

Zu einigen meiner Kommilitonen habe ich heute noch Kontakt. Einer ist Marketing-Direktor Europa eines internationalen IT-Unternehmens, ein anderer Lokalchef einer Zeitung, eine Kommilitonin ist Redakteurin bei der FAZ. Und beim Fernsehsender Arte gibt es gar eine kleine Fraktion von

Absolventen der Universität Mannheim. Selbst im wissenschaftlichen Bereich haben einige Karriere gemacht. So viel also zu Zukunftschancen und Abschreckungsstrategien.

Geisteswissenschaften studieren, um Taxi zu fahren?

Dass ein Studium der neueren Philologie nur peripher mit Schreiben können zu tun hat, habe ich im Studium schnell gemerkt. Fast ein wenig neidisch hatte ich zu diesem Zeitpunkt daher zu den Kommilitonen der anderen Fakultäten rübergeschaut, deren Studium klar strukturiert vorgegeben war. Zum Beispiel das der Betriebwirtschaftslehre.»In dem Semester höre ich diese und jene Vorlesungen, dann ein Semester Auslandsaufenthalt, schließlich die Prüfung und später gehe ich ins Marketing.« So oder so ähnlich arbeitete man dort an seiner Karriere.

Ich konnte in meinem Studium zunächst keine Relevanz für einen späteren Beruf erkennen und habe mir des Öfteren ernsthafte Gedanken darüber gemacht, die Studienrichtung zu wechseln. Umso mehr muss ich heute darüber lächeln, wenn mir der ein oder andere Kommilitone in meinem jetzigen Beruf begegnet, wenn ich als Werber mit dem Geschäftsführer eines Unternehmens zusammensitze, um etwa die Jahresplanung für die Marketing-Aktivitäten zu besprechen ...

Philologen lernen doch nix

Geisteswissenschaftler, insbesondere Philologen, müssen sich heute wieder vehement für die mangelnde Verwertbarkeit ihrer Wissenschaften für die Volkswirtschaft rechtfertigen. Ich habe in meinem jetzigen Beruf eine ganz andere Erfahrung gemacht. Natürlich kann ich Erkenntnisse der diachronen Sprachwissenschaft nur bedingt verwerten. Und auch die universitäre Diskussion von Medienwirkungstheorien steht nicht direkt in Zusammenhang mit den Modellen, deren sich die Markforscher in der Praxis bedienen. Dessen ungeachtet habe ich aus meinem Studium etwas ganz Entscheidendes mitgenommen: die Fähigkeit, sich in ein unbekanntes Themengebiet völlig eigenständig einzuarbeiten. Gerade in meinem Beruf, in dem ich heute verstehen muss, warum eine phasengesteuerte Nockenwelle beim neuen BMW mehr Leistung bei geringerem Spritverbrauch bringt, und wie beim Calcium-Antagonist das Andocken der Botenstoffe blockiert wird, ist diese Fähigkeit, sich aus eigenen Quellen zu informieren, ein Vorteil. Das – so ist zumindest meine Erfahrung – können Absolventen der Geisteswissenschaften oftmals besser als andere.

Was soll nur aus dir werden?

16 Semester sind eine lange Zeit. Eltern fangen an, merkwürdige Fragen zu stellen (»Kann man nicht in Germanistik nach acht Semestern seinen Magister machen?«), Schulfreunde beginnen, Familien zu gründen, und man selber wird schon von der Kassiererin an der Mensakasse namentlich begrüßt. Mein Studium jedoch hat deshalb so lange gedauert, weil ich vieles nebenher ungeheuer interessant fand: Ich war als Pressesprecher eines Regionalliga-Vereins tätig. Für die Lokalzeitung. Bei einem der ersten privaten Radiosender habe ich als Veranstaltungsleiter gearbeitet. Und bereits während des Studiums kam ich durch ein Filmseminar in Kontakt mit Film- und Videoproduktionen, für die ich als freier Kameramann tätig geworden bin.

Eine Professorin suchte Studenten, die für die Universität Mannheim einen Film über das Seniorenstudium drehen. Aus dieser Projektarbeit resultierte die GOT Film- und Videoproduktion, die ich mit zwei Kommilitonen gegründet habe.

Statt Praktika praktische Arbeit

Die letzten Jahre meines Studiums war ich als wissenschaftliche Hilfskraft an Instituten der Universität Mannheim beschäftigt. Exakt da begann das Studium richtig spannend zu werden. In einem Forschungsprojekt an der Forschungsstelle für gesellschaftliche Entwicklung (FGE) von Prof. Dr. Rudolf Wildenmann habe ich einen Vergleich der privaten Fernsehsender gegenüber den öffentlich-rechtlichen über die Informationsfunktion des Fernsehens durchgeführt, woraus meine Magisterarbeit resultierte. In einem Projekt der Deutschen Forschungsgemeinschaft (DFG) wurde untersucht, inwieweit Rezipienten einen Unterschied in der Wahrnehmung von Gewalt im Fernsehen machen. Und in einem weiteren Projekt der DFG haben wir untersucht, ob und in welchem Maße die Medien die Bundestagswahl 1990 beeinflusst haben. Insbesondere die methodischen und empirischen Kenntnisse waren mir später während meiner Tätigkeit in Werbeagenturen sehr von Nutzen.

Zu diesem Zeitpunkt wurde an der Universität Mannheim der Studiengang Medienwissenschaften eingeführt. In einem Praxis-Seminar habe ich schließlich die ersten Kontakte zu meinem späteren Arbeitgeber geknüpft.

Hartnäckigkeit siegt

Mit Werbeagenturen ist das so eine Sache. Die handelnden Personen haben meist einen Hintergrund als Betriebswirte (Kontakt und Beratung), als Designer (Grafiker) oder als Psychologen, Germanisten, Fotografen oder Kurierfahrer (Text). In Führungspositionen gelangen sie oft – und bei geeigneter Qualifikation auch erstaunlich schnell, weil sie gut beraten, schön gestalten oder klasse Headlines entwickeln. Essentials wie Personalführung, Ressourcenplanung oder Personalentwicklung etc. werden jedoch eher selten geschult. Dementsprechend wenig strukturiert geht man bei der Bewerberauswahl vor.

Ein Beispiel: Einer der profiliertesten deutschen Werber, André Kemper, hat sich seiner Biografie zufolge fünfmal bei der wohl kreativsten Agentur Deutschlands beworben.

Was im Umkehrschluss bedeutet, dass er sich viermal zum falschen Zeitpunkt beworben hat oder man bei Springer & Jacoby erst beim fünften Mal sein Talent richtig erkannt hat.

Mein Einstieg in die Werbung war offenbar von ähnlichen Zufälligkeiten geprägt: Ein Jahr lang hatte ich mir eine Stellenanzeige mit dem Vorsatz aufgehoben, mich dort zu bewerben. Im Januar 1992 habe ich sie einfach losgeschickt und plötzlich ging alles sehr schnell. Nach Beendigung meines Studiums habe ich am 1. April 1992 als Texttrainee in der WOB MarketingKommunikation begonnen.

Dass in Werbeagenturen außer der Rechtschreibung (MarketingKommunikation wurde aus programmatischen Gründen wirklich so geschrieben) die Bewerberprofile von Berufsstartern anderen Kriterien unterliegen als in der Industrie, erfuhr ich ganz schnell.

Eine der ersten Erkenntnisse, die ich aus meinem geglückten Einstieg gezogen habe, war: Es gibt keinen richtigen Zeitpunkt für eine Bewerbung. Aber auch keinen falschen.

Übrigens: Für mein Studium, meine Zeugnisse oder gar Noten hat sich später – etwa bei Bewerbungsgesprächen – niemand mehr interessiert.

Noten sind wichtig. Beim Eiskunstlaufen

Seit einigen Jahren sind die Werbeagenturen in Deutschland schlauer geworden. Speziell durch den »Internet-Hype« der Jahre 1998 bis 2000 waren gute Texter auf einmal ein rares Gut. Beim Arbeitgeberwechsel konnte man schnell dramatisch mehr Geld verdienen. Die Agenturen haben darauf reagiert und begonnen, zusammen mit Texterschulen in den werbewirtschaftlichen Hochburgen Hamburg, Düsseldorf/Köln, Frankfurt und München qualifizierten Nachwuchs auszubilden. Bis dahin erfolgte die Ausbildung meist durch ein Training-on-the-job.

Einige Agenturen, vor allem die größeren, haben für den Nachwuchs strukturierte Trainee-Programme entwickelt. Die anderen ziehen sich ihren Nachwuchs heran, indem der junge Trainee im Windschatten eines erfahrenen Kreativen segelt und diesem zuarbeitet.

Erst hier kann man die Qualitäten eines Texters oder Kreativen richtig einschätzen. Aus den Noten oder Seminararbeiten ist dies aufgrund des zum Studium grundverschiedenen Tätigkeitsfeldes nur schwerlich ersichtlich. Die meisten Agenturen bitten Bewerber mittlerweile, den jeweiligen Copy-Test auszufüllen. Meist ist es ein Bogen mit Praxisbeispielen aus der Agentur. Entscheidend ist für Bewerber weniger, hier die perfekte Anzeige, den schrägen Spot oder das kreative Direct Mailing zu entwickeln. Man will einfach herausfinden, wie ein Bewerber über Werbung denkt und wie er an die gestellten Aufgaben herangeht.

Wir wollen Ihren Kopf!

Wie oft habe ich diese Platitüde inzwischen in Stellenanzeigen gelesen oder bei Bewerbungsgesprächen gehört. Sie umschreibt, dass Agenturen das geeignete Bewerberprofil nur rudimentär in Worte fassen können. Dies hängt mit der wichtigsten Aufgabe eines Texters und somit eines Kreativen zusammen: Ideen entwickeln. Gute Ideen vor allem.

Hinterlistig stellte mir bei meinem Bewerbungsgespräch mein späterer Chef, mit dem ich immer noch gut befreundet bin, die Frage, wie ich mir denn mein Aufgabenfeld als Texter vorstelle. »Nun«, antwortete ich, »ein

Produktmanager des Kunden stellt die relevanten Informationen zusammen, der Kundenberater ergänzt sie mit Fakten, die die Marktforschungsabteilung zusammengetragen hat, der Art-Direktor entwickelt einen Gestaltungsvorschlag, und ich mache dann einen schönen Text dazu.« So weit – und so naiv.

In der Zwischenzeit weiß ich, wie viel umfassender die Aufgabe ist und dass die Arbeit weit vorher beginnt. Mit dem Aufkommen der Profit-Center-Struktur in den Unternehmen wurde nämlich häufig die Position des Werbeleiters in den Unternehmen wegrationalisiert. Das waren in aller Regel erfahrene Frauen und Männer, die ihre Marke, ihr Produkt und ihr Marktumfeld aus dem Effeff kannten.

Heute haben wir es mit Marketing-Leitern, Produktmanagern und den Verantwortlichen aus der Forschungs- und Entwicklungsabteilung zu tun, die in kiloschweren Excel-Tabellen und von 1.1.1 bis 7.5.4 durchnummerierten PowerPoint-Präsentationen erläutern, dass beispielsweise die Käuferschaft von Babywindeln (Mütter und Väter) nicht identisch ist mit deren Verwendern (Babys).

Sprich: Als Texter, und somit als einer der Menschen, die sich Tag für Tag aufs Neue Gedanken darüber machen, wie man dem Hersteller eines Produktes helfen kann, seine Produkte zu verkaufen, muss man das Produkt richtig verstehen. Und da – ich hatte dies eingangs schon erwähnt – waren mir die Kenntnisse aus dem Studium eine große Hilfe.

Die besten Ideen liegen auf der Straße

Die Aufgabe eines Kreativen in einer Werbeagentur besteht darin, das Produkt und sein Umfeld zu verstehen. Das ist gar nicht so einfach. Vor allem, weil es das Produktmanagement auf Kundenseite oft nicht vermitteln kann. Fragetechniken aus dem Studium sind da durchaus eine große Hilfe, um mehr zu erfahren.

Die eigentliche Herausforderung im Beruf besteht jedoch darin, aus diesen Informationen eine Botschaft herauszuarbeiten, die differenzierend zum Wettbewerb ist und vor allem zielgruppenrelevant. Soft Skills wie Kommunikationsfähigkeit, rhetorische Techniken und das Die-richtigen-Fragen-Stellen helfen hier sehr.

Am besten nimmt man sich als Texter die Zeit und geht mit dem Vertrieb des Kunden auf Tour, beobachtet genau die potentiellen Käufer und besichtigt das Werk. Ich gehe inzwischen jede Wette ein, dass die besten Ideen auf einem dieser Wege gefunden worden sind. Und nicht in einem der ellenlangen Brainstormings in den schicken Räumlichkeiten der Agentur. Sind auf die vielen Fragen, die man sich am Anfang einer Ideenentwicklung stellen sollte, überzeugende Antworten gefunden, beginnt die diffizilste Aufgabe: Wir brauchen eine Idee.

Handwerk und Kunst

In den 80er Jahren schallte plötzlich ein Donnerhall durch die deutsche Werbelandschaft. Michael Schirner hatte sich frank und frei zu der Behauptung verstiegen, dass Werbung Kunst sei. Selbst wenn dieses Postulat trefflich die teilweise horrenden Summen rechtfertigte, die vor allem die Stars der Branche verlangten und auch erhielten, ist mir eine Definition von Hermann Vaske sympathischer. Er bezeichnete Werbung als»die hohe Kunst, die Leute von ihrem Geld zu trennen«.

Sie beschreibt nämlich, was ein Kreativer und somit auch ein Texter neben seinem handwerklichen Rüstzeug mitbringen muss: die Fähigkeit, Ideen zu entwickeln. Das ist fürwahr eine Kunst, die nur wenige richtig beherrschen.

Spätestens an dieser Stelle wird der Unterschied zwischen akademischen Formulierungen, wie sie an der Universität Usus sind, und den Anforderungen in der Praxis deutlich. Ein Werbetext folgt lyrischen Kriterien.

Texter und Journalist sind ähnlicher als man denkt

Eine der ersten und wichtigsten Regeln, die ich heute Junioren gleich zu Beginn ihrer Tätigkeit vorgebe, ist: Vergiss die Schreibe, die du an der Uni gewohnt bist. Was eigentlich auch logisch ist. Schließlich sind die Zielgruppen unserer Botschaften in den seltensten Fällen Professoren oder Leser eines wissenschaftlichen Beitrags.

Die letzte Regel in meiner Agentur allerdings lautet: Akzeptiert bei der Ideenfindung keine Regeln. Je nach beworbener Marke, beworbenem Produkt oder Zielgruppe kann es nämlich absolut notwendig sein, eine gehobene Sprache zu wählen.

Als Texter sollte man in sämtlichen (journalistischen) Darstellungsformen firm sein: Bericht, Reportage, Nachricht, Essay, Treatment, Storyboard für Kino, TV und Funk. Und plötzlich ist nicht nur der Kopf gefragt. Sondern auch der Bauch. Doch dies lässt sich in die Kategorie handwerkliche Fähigkeiten einordnen.

Der wichtigste Unterschied zwischen Texten und journalistischer Arbeit liegt im News-Charakter. Ein Journalist berichtet ja in aller Regel über das, was sich Neues ereignet hat. Sein Text bezieht schon daraus seine Aufmerksamkeit.

In der Werbung, unabhängig nun, ob es sich um Produktwerbung, Unternehmenswerbung oder auch institutionelle Werbung handelt, haben eine Anzeige, ein Spot oder eine Broschüre eine Halbwertszeit von Monaten oder gar Jahren. Ein guter Text und eine gute Idee zeichnen sich dadurch aus, dass sie selbst bei vielfacher Wiederholung Aufmerksamkeit erwecken, ein Schmunzeln auslösen und im Idealfall den Rezipienten motivieren, eine vorher definierte Handlung zu vollziehen: aufmerksam zu werden, eine Einstellung zu verändern – am besten natürlich, das Produkt oder die Dienstleistung zu kaufen. Beim Journalisten ist dieses Produkt sein Artikel oder seine Meldung.

Nicht jede Idee ist eine gute

Noch immer ist die Frage nicht beantwortet, worin denn die eigentliche Qualifikation eines Texters oder Kreativen besteht: Ideen entwickeln, zumindest eine richtig kreative gute. Eine richtig gute kreative Idee besteht darin, dass sie das Produktversprechen als differenzierende Botschaft dramatisiert. Beispiel: Audi dramatisierte das Produktversprechen »bessere Traktion durch Allrad-Antrieb«, indem Audi den Quattro eine verschneite Skischanze hochfahren ließ.

Die Agentur: Geheimnisvolles Labor oder einfach ein Platz, an dem hart gearbeitet wird

Spätestens in den 90er Jahren hat sich das Ansehen der Werbung verändert. Galten Agenturen früher als geheimnisvolle Labors, in denen beispielsweise Hausfrauen durch unterschwellig in Filme hineingeschnittene

Suggestiv-Bilder zum Kauf dieses oder jenes Produktes quasi manipuliert wurden, so ist Werbung inzwischen vom Rezipienten als eine Unterhaltungsform akzeptiert. Die allerdings sehr viel Wissen voraussetzt: Sind die aktuellen und künftigen politischen, ästhetischen, modischen und kommunikativen Entwicklungen alle berücksichtigt? In welchen Medien trifft man den Verbraucher tatsächlich an?

Erfolgreiche Werbung verknüpft diese Einzelfaktoren zu einer Markenpersönlichkeit und versucht, diese über Kommunikation dem Kunden auf überzeugende Weise nahe zu bringen.

Es gibt ein Leben nach dem Text

Es gibt nur wenige Branchen mit vergleichbar hohen Aufstiegschancen wie Werbeagenturen. Dies beginnt mit der Möglichkeit des Seiten- oder Quereinstiegs auch für Philologen. In den mittlerweile 12 Jahren, in denen ich in dieser Branche tätig bin, habe ich selbst eine Reihe unterschiedlicher Funktionen und Positionen eingenommen. Der übliche Weg sieht in der Regel so aus, dass man nach einem halben bis einem Jahr vom Trainee zum Junior-Texter aufsteigt. Inhaltlich bedeutet dies, dass man kleinere Projekte eigenständig betreut. Spätestens als Texter oder Senior-Texter steigt neben dem Salär auch die Verantwortung. Nun ist man für Projekte verantwortlich, entwickelt diese in der Agentur und präsentiert sie auch beim Kunden.

Das intensive Üben – etwa bei Referaten – an der Uni kann der Durchsetzung der entwickelten Ideen in der Präsentation nur förderlich sein.

Je besser man ist, desto schneller kann man in einer Agentur aufsteigen. Erste Personalverantwortung erhält man als Grouphead, Creative Supervisor oder ähnlich blumige Funktionsbezeichnungen, deren sich die Werbebranche bedient.

Eine völlig neue Qualität nimmt die Arbeit an, wenn man sich als Creative Director etabliert hat, was einem Abteilungsleiter entspricht. Hat man sich bis dato vor allem mit Texten und Bildern beschäftigt, spielen nun Zahlen eine wichtige Rolle: Innerhalb der Agentur steht man nun in der Ergebnisverantwortung.

Dass es jedoch nicht immer angenehme Gespräche mit der Geschäftsleitung nach sich zieht, wenn für ein Projekt mehr Stunden als kalkuliert aufgewendet wurden, ist leicht nachzuvollziehen.

Als Creative Director nimmt – leider – der Anteil der Arbeitszeit ab, die man für das reine Texten zur Verfügung hat. Strategiediskussionen, Konzeption oder die Präsentation beim Kunden nehmen mehr Raum ein. Wer dies exzellent beherrscht, wird eventuell nicht den Arbeitgeber, aber vielleicht seine Aufgabe gewechselt haben und z. B. als Kundenberater tätig sein. Eine Reihe ehemaliger Kollegen ist jedoch auch auf die andere Seite des Schreibtischs gewechselt und etwa als Marketing-Leiter in werbetreibenden Unternehmen beschäftigt.

Präsentieren heißt verkaufen

Einen der schönsten Sätze, die die Herausforderung Präsentation beschreiben, habe ich bei Springer & Jacoby gelesen:»Es mag ja sein, dass das genial ist, was Sie mir präsentieren. Aber ich bin hier der Chef.« Offenbar war es dem Team nicht recht gelungen, den Entscheider auf Unternehmensseite von den eigenen Gedankengängen zu überzeugen.

Genau hier liegt eine wesentliche Herausforderung: Neben den kreativen und handwerklichen Fähigkeiten spielen Soft Skills wie Kommunikationsfähigkeit, Überzeugungskraft und Verhandlungsgeschick eine nicht zu unterschätzende Rolle. Ideen zu entwickeln ist die eine Sache, sie zu verkaufen eine andere.

Dies beginnt schon in der Agentur. Eine Idee muss sich oft schon innerhalb der Agentur auf drei bis vier Hierarchieebenen durchsetzen. Im Team, gegenüber dem Senior oder Grouphead und beim Creative Director. Und ganz zuletzt bei der Geschäftsleitung.

Erst dann geht die Idee zum Kunden und wird dort auf den verschiedenen Ebenen vorgestellt, diskutiert und meist verändert. Wer diesen Prozess einmal verfolgt hat, hat für die in den siebziger Jahren so populäre Theorie der manipulativen Wirkung von Werbung à la Vance Packards»Die geheimen Verführer« nur ein müdes Lächeln übrig.

Nützen akademische Grade?

Eine gute Frage, die man nicht mit ja oder nein beantworten kann! Ich kenne Absolventen, die haben auf ihr Studium noch den Doktor draufgesattelt und bewerben sich mit Mitte dreißig, ohne relevante Arbeitsbeispiele in ihrer Mappe zu haben. Hier ist ein akademischer Grad nachvollziehbarerweise wenig förderlich, aus Kostengründen in aller Regel sogar kontraproduktiv. Auf der anderen Seite muss man sich vergegenwärtigen, wer die Ansprechpartner der Agenturen auf Kundenseite sind. Als Agentur hat man es mindestens mit dem Produktmanagement zu tun. Das sind sehr häufig studierte Betriebswirte. Je wichtiger die Werbemaßnahme, desto höher ist die Hierarchieebene, vor der man präsentiert. Ab einer bestimmten Relevanz ist dies der Marketing-Leiter, der Geschäftsführer und gar nicht so selten auch der Vorstand oder Vorstandsvorsitzende.

In Agenturen, gerade solchen, die dem Kunden Full-Service anbieten, ist mancher Texter als Ghost-Writer für Reden oder z.b. Passagen des Geschäftsberichts für den Vorstand tätig. Spätestens auf dieser Ebene kann ein akademischer Grad der Wertschätzung durch den Kunden durchaus förderlich sein.

Je ne regrette rien

Verblüffend, von welch offenbar unverrückbaren Zyklen unser Leben bestimmt ist. So scheint es ungeschriebenes Gesetz zu sein, dass man sich nach 5, 10 und eben 20 Jahren nach dem Abitur mit den Klassenkameraden trifft. Bei mir hat das 20-Jährige im Jahr 2003 stattgefunden. Und somit justament zwei Monate, nachdem ich den Schritt in die berufliche Selbstständigkeit wahrgemacht habe. Unweigerlich fragt man sich bei solchen Anlässen, ob man's denn heute anders und wenn ja wie anders machen würde.

Heute kann ich sagen, dass ich, sollte ich jemals wiedergeboren werden, erneut den Einstieg als Texter wählen würde. Kaum ein anderer Beruf bietet so viel Abwechslung – kommt man tatsächlich nicht mit einer Aufgabenstellung zurecht oder stimmt die Chemie mit einem Kunden partout nicht, so gibt's in jeder Agentur regelmäßig noch weitere Kunden. Und in kaum einem anderen Beruf gibt es für Menschen, die Ideen entwickeln, gerne schreiben und auf der Basis von Erfahrungen und einem Wissensschatz (Kauf-)Prozesse durchdenken und sich überlegen, wie man mit Kommunikation diesen Prozess im Sinne des Herstellers beeinflussen kann, bessere Chancen und ein durchaus attraktives Gehalt. Bis hin zur Befriedigung des eigenen Narzissmus, denn es ist ein tolles Gefühl, »seine« Anzeige, »sein« Plakat oder »seinen« Spot in Funk, TV oder Kino zu hören oder zu sehen.

Gar nichts anders machen?

Doch, natürlich. Konkret würde ich nicht mehr so unbedarft an mein Studium oder meinen Berufseinstieg herangehen. So kann ich Studierenden nur empfehlen, sich intensiv – in Praktika, Betriebserkundungen und auf Seminaren – über ihr erklärtes Berufsziel zu informieren und vor allem auch über Angebote ein Stück weit links und rechts des Weges nachzudenken. Was ein Texter in der Werbung macht, hoffe ich Ihnen jetzt einigermaßen anschaulich vermittelt zu haben. Aber wissen Sie, dass Ihnen als Geisteswissenschaftler und Philologe mit ein wenig methodischer Zusatzqualifikation auch Berufsfelder als Berater, strategische Planer, Mediafachleute, in PR-Agenturen oder als Spezialisten für die interne Kommunikation offen stehen?

Darum würde ich heute meinen Berufseinstieg viel früher angehen und versuchen, als Praktikant oder freier Mitarbeiter den Fuß in die Tür zu bekommen. Und: Ich würde nicht mehr so lange studieren. Obwohl – dann hätte ich immer das Gefühl gehabt, irgendetwas verpasst zu haben. So weiß ich zumindest, dass meine Entscheidung für die Werbung und gegen den Journalismus oder eine wissenschaftliche Laufbahn absolut richtig war.

Werber sind anders

Den Lesern, denen ich jetzt hoffentlich den Mund wässrig gemacht habe (in Werbeagenturen gibt es trotz der Flaute der letzten drei Jahre immer etwas zu tun), möchte ich bezüglich erfolgreicher Bewerbungsstrategien noch einen Tipp geben. Ansprechpartner bei Bewerbungen im kreativen Bereich sind in aller Regel der Kreativ-Geschäftsführer und/oder Creative Directors. Das sind nämlich die Entscheider, und nicht die Personalabteilung. Rufen Sie die Agentur Ihrer Wahl an und bleiben Sie hartnäckig.

Ganz zum Schluss noch eine kleine Anmerkung: Sollte irgendjemand an meiner Wahl des Genus Anstoß genommen haben, so bitte ich vielmals um Entschuldigung. In der Werbebranche gibt es mindestens genauso viele und genauso gute Frauen wie Männer. Erfreulicherweise sind sogar beim Gehalt die Unterschiede dabei, nivelliert zu werden.

Wie Shakespeare auf den Golf kam ...

Vom Journalismus zur Public Relations
(Volkswagen Kommunikation)

Seit meiner ersten Englischstunde vor 22 Jahren habe ich diese Sprache geliebt, klar also, dass Englisch mein erstes Leistungsfach in der Oberstufe am Gymnasium wurde. Selbstverständlich machte ich auch einen Schüleraustausch nach Großbritannien mit. Mit meiner Gastfamilie in Bath verband mich eine so enge Freundschaft, dass ich sie sechs Jahre lang regelmäßig besuchte. Durch sie habe ich, dessen bin ich mir ganz sicher, den »English Way of Life« kennen und lieben gelernt.

Dass ich allerdings diese Sprache einmal studieren würde, stand für mich nicht von Anfang an fest. Denn eigentlich wollte ich damals die »gehobene Laufbahn« beim Auswärtigen Amt einschlagen. Ich träumte von Auslandseinsätzen in diplomatischen Vertretungen und Botschaften rund um den Globus. Daraus wurde jedoch leider nichts und da mir jobtechnisch erst mal nichts »Besseres« einfiel, sollte es ein Studium sein. Die nächste Frage, die sich dann stellte, war: Was sollte ich studieren? Wo? Und mit welchem Abschluss?

Schnell wurde mir klar, dass wenn ich noch mal fünf Jahre mit intensivem Lernen verbringen wollte, dann nur mit einem Fach, das mir auch Spaß machte. Somit konnte ich Mathematik und Naturwissenschaften relativ fix ausschließen. Und ziemlich schnell fiel meine Wahl auf – natür-

Sandra Lange, 1972 in Braunschweig geboren, studierte von 1992–1998 Anglistik und Soziologie an der Technischen Universität Carolo Wilhelmina Braunschweig. Während dieser Zeit studierte sie ein Semester am Australian College of English in Sydney und sammelte erste Berufserfahrungen bei der Midland Bank in London. Sie war als freie Mitarbeiterin bei der »Braunschweiger Zeitung« beschäftigt, arbeitete als Übersetzerin beim »Jahr-2000-Projekt der Volkswagen AG« und ist seit 2000 als PR Officer in der Volkswagen Kommunikation, Wolfsburg tätig.

Foto: VW

lich – Englisch. Prompt schwebten mir auch Auslandssemester und -praktika vor. Das klang ja auch so ein bisschen wie Auswärtiger Dienst. Die Universität wählte ich nicht nach Angebot, sondern nach Entfernung zu meinem Heimatort aus. Ich bewarb mich deshalb nur an Universitäten in Norddeutschland. Heute würde ich meine Wahl sicherlich anders treffen.

Als dann unter anderem die Zusage aus Braunschweig, meiner Heimatstadt, kam, war es klar, dass ich mich an der Technischen Universität Carolo Wilhelmina einschreiben würde. Somit konnte ich vorläufig zu Hause wohnen bleiben und Geld für spätere Auslandssemester sparen. Ich schrieb mich also für den Magisterstudiengang Anglistik und Politologie ein. Hauptfach: Anglistische Literaturwissenschaften, erstes Nebenfach: Anglistische Sprachwissenschaften und zweites Nebenfach: Politologie. Ein Lehramtsstudium schloss ich aus, denn irgendwann mal wieder an eine Schule zurückzukehren kam für mich nicht in Betracht. Die erste Wahl fiel auf Literatur, weil ich an Shakespeare, Buchbesprechungen, Kreativität, Theaterbesuche und Ähnliches dachte. Damit lag ich auch nicht falsch, wie sich herausstellen sollte, und grammatikalisch hatte ich mich meiner Ansicht nach schon jahrelang mit Englisch befasst. Anfangs war ich dankbar für jede Informationsveranstaltung, da ich Mühe hatte, meinen Stundenplan für das erste Semester zusammenzustellen. Wer kannte denn schon den Unterschied zwischen Pro- und Hauptseminar? Welche Übungen sollte man belegen? Wie arbeitsintensiv ein Studium sein kann, wusste ich zu dem Zeitpunkt noch nicht.

Die Gewöhnung an eine andere Arbeitsweise war anfangs schwierig. Es lag nun komplett an mir, wie viel Arbeit und Zeit ich investieren wollte. Anfangs klang das sehr verführerisch, aber ich stellte schnell fest, dass ich mit sieben Doppelstunden pro Woche einen ziemlich vollen Stundenplan hatte. Auch wenn »sieben Doppelstunden« nach wenig Arbeit klang. An der Universität wurde ich nun das erste Mal von Native Speakers, also gebürtigen Engländern und Amerikanern, unterrichtet. Der Unterschied zum guten alten Schulenglisch hätte nicht krasser sein können. Viele verschiedene Dialekte strömten auf mich ein und anfangs dauerte es manchmal ein wenig, dafür ein Ohr zu bekommen.

Besonders wichtig war für mich die Erfahrung, völlig selbstständig zu arbeiten. Eine Hausarbeit für ein Seminar und damit für einen Schein zu schreiben, war doch etwas anderes als Hausaufgaben für die Schule zu erledigen. Komplette Recherche, zeitliche und thematische Organisation des Themas und schließlich die eigentliche Erstellung der Arbeit. Was bei mir in den ersten Semestern noch hieß: tippen auf einer elektrischen Schreibmaschine! Eine Geduldsprobe für mich und die Maschine! Im Laufe der Semester habe ich zahlreiche literarische Abhandlungen (auf PC!) geschrieben, bei denen strukturiertes Denken, Logik, Kreativität und eine treffsichere Sprachwahl wichtig waren. Fähigkeiten, die ich jeden Tag in meinem jetzigen Job als Mitarbeiterin in der Unternehmenskommunikation (PR Officer) bei Volkswagen brauche.

Natürlich habe ich auch ein Praktikum sowie ein Semester im Ausland absolviert. Organisieren musste ich das alles selbst, denn obwohl alle Mitarbeiter und Professoren im Anglistikseminar sehr engagiert waren, war leider nicht allzu viel Hilfe von dem doch relativ kleinen Bereich an der TU Braunschweig zu erwarten. Nur ein Austauschprogramm mit San Antonio, Texas, war im Angebot. Mehr nicht. Dort wollte ich aber nicht hin. Ich »organisierte« mir stattdessen einen Studienplatz am Australian College of English (ACE) in Sydney, Australien, für ein Semester. Bei der Suche nach einem Studienplatz half die australische Botschaft, die Adressen und Kontakte zu sämtlichen schulischen Einrichtungen herausgab. Dem obligatorischen »Test of English as a Foreign Language«, dem so genannten TOEFL-Test, mit dem man sich bewerben musste, folgte ein medizinischer Checkup für das Studentenvisum (der wurde aber auch schon damals nicht von der Krankenkasse bezahlt!).

Das Australian College of English interessierte mich besonders, weil dort unter anderem ein Kurs in »Business and Trade English« angeboten wurde. Ich war mittlerweile im sechsten Semester und so sehr ich auch Shakespeare verehrte, suchte ich nach zusätzlichen Qualifikationen zu meinem Literaturstudium. Ich begann mich nämlich zu fragen, ob Shakespeare und Co. allein mir einen späteren Job sichern würden.

Der Kurs in Handels- und Geschäftsenglisch dauerte ein knappes halbes Jahr und schloss mit einem »Cambridge Certificate« ab.

Das Semester in Sydney war eines der besten meines gesamten Studiums. Zum einen lernte ich Kommilitonen aus allen Winkeln der Erde kennen, erweiterte meinen englischen Wortschatz mit neuem Fachvokabular und zum anderen lernte ich Sydney und die Australier weiter lieben. Besonders die so genannten Soft Skills wie Präsentationen und Kommunikation wurden gefördert. Der Vorteil war natürlich auch, dass im

Gegensatz zu Vorlesungen und Kursen an deutschen Universitäten der Teilnehmerkreis hier auf fünfzehn Personen beschränkt war. So kam jeder von uns zum Zug – besonders bei Präsentationen zum Thema Marketing. Außerdem gab es im Gegensatz zur Braunschweiger Universität einen festen Stundenplan. Fünf Tage die Woche ein straffes Programm von morgens bis nachmittags. Unsere Vorbereitungen auf die Abschlussprüfungen verbrachten wir sehr spartanisch in einer Herberge auf einer abgeschiedenen Landzunge nördlich von Sydney. Hier war Teamgeist gefordert. Das hat, so glaube ich, unsere kleine Gruppe noch enger zusammengeschweißt.

Ein Jahr später bewarb ich mich über die Zentrale Arbeitsvermittlung in Frankfurt (heute in Bonn) bei Trident Transnational in London um ein Praktikum. Wirklich genaue Vorstellungen über einen künftigen Job hatte ich zu dem Zeitpunkt noch nicht. Vielleicht ein Marketing-Praktikum? Die Idee war, eventuell meine in Sydney erworbenen theoretischen Kenntnisse im Bereich Marketing in der Praxis anzuwenden. Und mit Menschen sollte es schon zu tun haben. Ziemlich vage das alles, nur gut, dass ich mich in dem Moment noch nicht auf einen richtigen Beruf festlegen musste. Also platzierte Trident mich bei der Midland Bank, mittlerweile Teil der Hong Kong Shanghai Banking Corporation (HSBC). Zumindest London als Einsatzort hatte ich bei der Bewerbung angegeben. Offensichtlich schwebte mir das schicke Westend, bei Touristen hinlänglich bekannt, vor – umso mehr traf mich der Schlag, als ich in Stratford/Ost-London nicht nur den Job, sondern auch eine Unterkunft fand.

Der anfängliche Schock legte sich alsbald, und der Aufenthalt wurde zu einem echten Gewinn. Aufgrund meiner sehr guten Englischkenntnisse warfen mich die Kollegen gleich ins kalte Wasser: Konten eröffnen und Kunden am »Reception Desk« bedienen. Ahnung hatte ich zwar keine, eignete mir aber durch »learning by doing« recht schnell ein Basiswissen an. Ich lernte sehr schnell, selbst wenn es durch einen großen Kundenandrang hektisch wurde, einen kühlen Kopf zu bewahren. Es war manchmal nicht leicht, immer freundlich und zuvorkommend zu bleiben, egal wie unverschämt die Kundschaft auch manchmal war. Ich hatte vierundzwanzig Stunden am Tag mit Einheimischen zu tun, eine sehr wertvolle Erfahrung in der Bank, die meinen Wortschatz um ein Neues erweiterte. Auch dieses Praktikum schloss, wie der Kurs in Sydney, mit einem »Cambridge Certificate« ab.

Besonders ermutigend empfand ich die Tatsache, dass, wenn ich in London jobtechnisch zu Rande kam, mir dieses dann eigentlich auch in Deutschland gelingen sollte. Und für den Lebenslauf hat es sich eh bezahlt gemacht. 1998 habe ich mein Examen gemacht und meine Magisterarbeit über australische Literatur geschrieben. Für die Recherchearbeiten, die fast zwei Monate dauerten, flog ich zurück nach Australien und schrieb mich als Gasthörerin an der University of Sydney ein. Der dortige Anglistikbereich unterstützte mich hervorragend, ermöglichte mir die Nutzung sämtlicher Ressourcen und arrangierte sogar ein Interview mit einer Aborigine-Autorin.

So viel Herzblut auch in ihr steckte, bei meiner Jobsuche spielte meine Magisterarbeit allerdings keine Rolle. Dagegen habe ich die Erfahrung gemacht, dass schon eher auf die Note geguckt wird. Offensichtlich deshalb, weil viele Leute immer noch vertrauter mit einem Diplom als mit einem Magister sind.

Im Studium gab es insofern Hindernisse, als gegen Ende die Seminarauswahl immer kritischer wurde, weil das Angebot einfach zu klein war. Das empfand ich als den größten Nachteil eines Geisteswissenschaftsstudiums an einer Technischen Universität.

Deshalb würde ich heute die Universität nicht mehr nach der Entfernung, sondern nach dem Angebot auswählen:»Lesson learned.«

Während ich Englisch durchzog, verabschiedete ich mich von Politologie nach ein paar Semestern aus den gleichen Gründen: keine interessanten Seminarthemen. Ich brauchte ein paar Semester, bis ich mich für Soziologie entschied. Nach einem Seminar in klassischer Soziologie schlug ich die Richtung Medienwissenschaften ein – und plötzlich machte es»Klick«. Ich hatte unerwartet eine Berufsrichtung gefunden: Journalismus.

Nach meinem Magisterexamen begann ich mit Praktika und Hospitationen bei Rundfunk, Fernsehen und Printmedien. Dabei machte ich die Erfahrung, dass man kein Studium in Publizistik oder Journalismus nachweisen musste. Ganz im Gegenteil, das Interesse war größer an so genannten Quereinsteigern, die Erfahrungen aus anderen Bereichen mitbrachten und sich für Journalismus interessierten. Ich wollte herausfinden, welche Richtung mir am ehesten lag. Für das Fernsehen war meine Begeisterung am größten, dennoch lag mir die Arbeitsweise gar nicht. TV klammerte ich also schnell wieder aus.

Stattdessen lagen mir die Printmedien umso mehr. Nach einem Praktikum begann ich als freie Mitarbeiterin in der Lokalredaktion der »Braunschweiger Zeitung«. Ich lernte sehr schnell, mir ein Netzwerk aufzubauen und meinen Schreibstil zu verfeinern. Es war eine Herausforderung, sich mit den verschiedensten Themen auseinander zu setzen. Der Gedanke an ein Volontariat kam auf. Doch dann kam alles ganz anders (wieder mal).

Eine ehemalige Professorin des Anglistikseminars meldete sich bei mir und sagte, sie hätte meinen Namen an die Volkswagen AG in Wolfsburg weitergegeben. Dort suchten sie einen Übersetzer für ein Projekt, möglichst einen Absolventen eines Englischstudiums. Ich solle mich dort melden. Erst war ich skeptisch, denn ganz offensichtlich hatte das gar nichts mit Journalismus zu tun. Allerdings gab mir das »Jahr-2000-Projekt« die Möglichkeit, wieder Englisch zu sprechen. Ich sagte zu, zumal das Projekt nur auf sechs Monate begrenzt war. Während des halben Jahres lernte ich Mitarbeiter aus allen Volkswagen-Standorten dieser Welt kennen, was faszinierend war. Meine Aufgabe bestand darin, sämtliche Dokumente, die während des Projekts erarbeitet wurden, ins Englische zu übersetzen. Des Weiteren musste ich auf Konferenzen, die zweimal im Monat stattfanden, simultan dolmetschen. Ich hatte das zuvor noch nie gemacht und kann nur sagen, Hut ab vor all denjenigen, die damit ihr Geld verdienen, denn ohne die größte Konzentration geht gar nichts. Mein Wortschatz bekam nun noch einen technischen Schliff. Offensichtlich machten meine Englischkenntnisse so großen Eindruck, dass man mir ein paar Monate später nach Endes des »Jahr-2000-Projekts« eine Tätigkeit in der Volkswagen Kommunikation in Wolfsburg anbot.

Hilfreich hierbei war zuallererst die Tatsache, dass ich journalistisch gearbeitet und mir ein Netzwerk an guten Kontakten aufgebaut hatte. Aber auch die Tatsache, dass ich Auslandserfahrung vorweisen konnte und fließend Englisch sprach, war nicht zu meinem Nachteil. Ganz im Gegenteil.

In meiner Tätigkeit als PR Officer in der Unternehmenskommunikation sind die Soft Skills wie Teamfähigkeit, Kreativität, Kommunikation, Organisationstalent, Recherche und eine stilsichere Schreibe unverzichtbar. Diese Fähigkeiten konnte ich während des Studiums weitreichend trainieren. Mein Abschluss als Magistra Artium half mir insoweit, dass ich auf einer höheren Gehaltsstufe anfing, ansonsten spielte der Abschluss keine Rolle. Ich muss aber erwähnen, dass Volkswagen die Soft Skills sehr fördert und ich meine Fähigkeiten in verschiedenen Seminaren weiter schulen konnte.

Nach einem Jahr im Job begann ich mit einem Public Relations (PR)-Fernstudium in Heidelberg, gefördert von Volkswagen. Die PR+plus GmbH wurde unter Beteiligung eines ehemaligen Vorstandsmitglieds der Volkswagen AG ins Leben gerufen. Dieser Fernstudiengang steht aber allen Interessenten offen, ist allerdings auch sehr kostspielig. Es war spannend, zum Beispiel Kollegen aus anderen Firmen der Automobilbranche kennen zu lernen, aber auch PR-Leute, die sich zum Ziel gesetzt hatten, sich als Berater selbstständig zu machen, nahmen an dem Studium teil.

Etliche Kollegen in der Volkswagen Kommunikation haben dieses nebenberufliche Studium ebenfalls absolviert. Das Studium dauerte anderthalb Jahre und neben PR-Theorie wurde eine Menge Praxis gelebt: Medientraining, Verfassen von Pressemitteilungen, Erstellen von Konzeptionen und Ähnlichem, immer an Beispielen von tatsächlich existierenden Fällen und Firmen. Achtzehn so genannte Briefe mussten über die Zeit als Hausaufgaben erledigt werden. Fünfmal während der anderthalb Jahre traf man dann die anderen »Leidensgenossen« vor Ort in Heidelberg für eine knappe Woche zum Seminar.

Der Unterschied zu meinem »richtigen« Studium an der Technischen Universität Braunschweig hätte nicht gravierender sein können. Der Stoff, der uns in Heidelberg vermittelt wurde, war um vieles komprimierter. Man hatte also viel mehr durchzuackern. Außerdem wurde einem ein hohes Maß an Selbstdisziplin abverlangt. Es lag ja allein an mir, mich in meiner Freizeit hinter die Bücher zu hocken. Den Druck, der durch wöchentliche Seminarstunden an der Technischen Universität entstand, gab es nicht. Es gab schon Momente, in denen ich es hart fand, nach Feierabend noch zu lernen. Denn freigestellt von der Arbeit wurden wir von Volkswagen nur für die Seminare. Ansonsten konnten wir weder zeitreduziert noch mit einem reduzierten Pensum arbeiten. Business as usual. Während dieser Zeit verbrachte ich auch noch einen Monat bei der Volkswagen Group of Australia in Sydney. Gerade erst gegründet, war es spannend mitzuerleben, wie ein Volkswagen-Image entstand und wie viel Herzblut die australischen Kollegen investierten. Auch in Sachen Public Relations konnte ich lernen, wie australische Journalisten arbeiten. Aufgrund der immensen Größe des Landes sind die Medienvertreter auf das Internet angewiesen. Der tägliche, persönliche Kontakt tritt in den Hintergrund.

Durch dieses Fernstudium haben sich meine Arbeitsaufgaben jedoch nur geringfügig geändert. Ich bin immer noch Teil eines Teams, das PR-technisch alle Werke und Produktionen von Volkswagen betreut. Ich muss an dieser Stelle mal erwähnen, dass ich nichts mit unseren Produkten zu tun habe. Für manch einen mag das komisch klingen, schließlich arbeite ich doch bei einem Automobilhersteller. Aber für Golf, Polo, Touareg und all die anderen Modelle sind die Kollegen zuständig. Doch auch in unserem Team wird es nie langweilig. Da sind das Tagesgeschäft, also Anrufe und Anfragen von Journalisten, die kurz- und langfristigen Projekte, mediale Beratung anderer Werkleiter und Fachbereiche, die Pressemitteilungen, die Recherchen, das Kontakteknüpfen und die Veranstaltungen. Häufig haben wir Termine in der Produktion, denn Journalisten interessieren sich sehr für unsere Fertigungsabläufe, besonders welche Technologien und Techniken zum Einsatz kommen. In puncto Laserschweißen ist Volkswagen weltweit führend. Mehrmals im Monat erhält Volkswagen auch Besuche von Staatsoberhäuptern, Botschaftern und Wirtschaftsdelegationen. Auch diese Besuche begleiten wir presseseitig mit Fototermin und Pressemitteilung. So kann ich sagen, dass ich zum Beispiel schon das spanische Königspaar erleben durfte. Vielleicht kommt ja auch eines Tages die englische Queen mal vorbei.

Ein weiterer Renner unter den PR-Themen ist die Currywurst, die Volkswagen eigens am Standort Wolfsburg für die Mitarbeiter produziert. Fast zwei Millionen werden jedes Jahr hergestellt und gegessen. Das ruft immer wieder ungläubiges Staunen in den Medien hervor. Etliche Fernsehsender haben ihre Beiträge der Currywurst gewidmet, Radiostationen senden Interviews und regelmäßig erscheinen Artikel in diversen Zeitungen.

Allein die Tatsache, dass ich journalistisch gearbeitet habe, erleichtert den Job (und das nicht nur bei der Currywurst!). Denn ich kenne noch etliche Journalisten als Kollegen von damals und ich weiß, wie schnell und auf welche Art und Weise Journalisten Informationen benötigen.

Es ist so eine Art Symbiose, in der wir PR-Leute mit den Journalisten zusammenarbeiten. Ich arbeite als PR Officer jetzt bald vier Jahre, möchte mich aber auch innerhalb meiner Tätigkeit weiterentwickeln. Ein erster Schritt in die Richtung wurde getan, als mir der internationale Part in unserem Team übertragen wurde. Das heißt, ich beantworte bevorzugt die Anfragen ausländischer Journalisten und bin Ansprechpartnerin für unsere ausländischen VW-Kollegen in aller Welt. Auch die dortigen Journalisten zeigen großes Interesse an den Fertigungsprozessen von Volkswagen und wollen diese auch schon mal »live« erleben. So habe ich öfter die Gelegenheit Englisch zu sprechen. Noch zu wenig, wie ich aber finde. Eine geniale Kombination wäre es, meinen Job komplett auf Englisch machen zu können.

Ich sehe mich immer noch am Anfang meiner Karriere und bin daher natürlich auf der Suche nach Optionen, die ein berufliches Weiterkommen ermöglichen. Hierbei spielt das eigene Potenzial eine Rolle, die Vorgesetzten spielen eine weitere. Es gibt so viele Möglichkeiten, die ich mir vorstellen kann. Public Relations ist ein weites Feld. Wohltätigkeitsorganisationen und soziale Einrichtungen finde ich unter anderem sehr spannend und ein weiterer Auslandsaufenthalt steht auch auf meiner Agenda. Am liebsten natürlich in Sydney oder London.

Was ich jetzt manchmal vermisse, ist die Freiheit, die man als Student hatte. Die Freiheit, seinen Tagesablauf selbst zu bestimmen. Die Freiheit, verschiedenste Dinge auszuprobieren, ohne sich von vornherein festlegen zu müssen. Und wer hat beispielsweise schon mehrere Monate am Stück im Jahr frei? Zeit, die man etwa studierender- oder arbeitenderweise im Ausland verbringen konnte.

Wenn ich die Uhr zurückdrehen könnte, würde ich sicherlich den gleichen Weg noch einmal gehen. Allerdings würde ich – wie schon gesagt – bei der Wahl der Universität abweichend vorgehen und mich daher auch anders entscheiden. Auch die Art, wie ich mein Studium aufgebaut und durchgezogen habe, würde ich wieder so wählen. Und wahrscheinlich würde ich dann auch früher oder später wieder über den Journalismus und die Public Relations »stolpern«.

Allen Studierenden der Fachrichtung Anglistik beziehungsweise der Philologie kann ich nur sagen, versucht, so viel Arbeits- und Auslandserfahrung wie möglich während des Studiums zu sammeln. Das wird heute mehr denn je bei Jobs und bereits bei den Bewerbungen vorausgesetzt. Außerdem zeigt das Eigeninitiative und Kreativität. Im Zuge der Globalisierung wird die Welt zum Dorf und Fremdsprachen, insbesondere Englisch, sind aus dem Arbeitsleben nicht mehr wegzudenken. Praktische Erfahrungen sind viel wichtiger als jede Theorie, die man in seinem Studienfach auswendig herbeten kann.

Man sollte nicht unbedingt gleich von Anfang an stur auf einen späteren Beruf hinstudieren, sondern auch nach Alternativen suchen. Manchmal kommt man erst auf Umwegen zum Ziel, diese Umwege können aber sehr lohnend sein. Ich habe mich erst gegen Ende des Studiums für meine Berufsrichtung entschieden, was nicht zu meinem Nachteil war. Flexibilität ist gefragt und wichtig.

Und man sollte sich nicht von Ignoranten einschüchtern lassen, die mit einem Studienabschluss als Magister nichts anfangen können. Im Zuge der europäischen Studiengänge, in der die Masters und Bachelors weltweit und auch in Deutschland immer mehr an Bedeutung und Anerkennung gewinnen, werden sicherlich selbst die letzten Magister-Ignoranten verschwinden. Hoffentlich.

ANDREA DÖRR

Vom Bamberger Reiter zum Mainzelmännchen

Online-Redakteurin beim ZDF

Abitur in der Tasche – reif, den viel zitierten Schritt ins Leben zu tun. Doch in welche Richtung? Event-Manager, Marketing-Referent oder doch lieber Call-Center-Agent? Alles Hirngespinste. Denn eigentlich wusste ich ja bereits in der Oberstufe, dass ich Romanistik studieren würde. Ich hatte an einem staatlichen Gymnasium in Mainz von der fünften Klasse bis zum Abitur den bilingualen Zweig in Französisch besucht, drei Jahre lang Italienisch gelernt, an mehreren Austauschen teilgenommen und hatte Freunde in beiden Ländern. Zudem sind meine Eltern beide Romanisten und in Lehrberufen tätig, sodass ich schon als Kind oft in romanische Länder reiste und Frankreich bald besser kannte als Deutschland. Fest stand für mich nur, dass ich nicht Lehrerin werden wollte.

Nachdem ich mich an einigen Universitäten über Romanistik-Studiengänge informiert hatte, stand meine Wahl fest: Ich wollte nach Bamberg (Oberfranken) gehen, um dort Diplom-Romanistik zu studieren. Dieser Studiengang war erst wenige Jahre jung und praxisorientiert – sein Schwerpunkt lag auf der Landeskunde, darüber hinaus wurden Wirtschaftsfranzösisch und EDV vermittelt und man musste mindestens zwei Praktika absolvieren: eines im Inland, das andere im Ausland. Außerdem brauchte man kein Latinum, auf Altfranzösisch wurde ebenfalls verzichtet. Neben Bamberg wurden zu dieser Zeit nur noch in Gießen und Mannheim Diplom-Romanistik-Studiengänge angeboten. Da die Hälfte der

Andrea Dörr,
Jahrgang 1974, studierte von 1993–2000 Diplom-Romanistik (Französisch, Politikwissenschaft, Italienisch) an der Otto-Friedrich-Universität Bamberg. Während eines Studienaufenthaltes an der Sorbonne Nouvelle Paris III erlangte sie den Abschluss »Licence d'études franco-allemandes«. Sie arbeitet heute in der Online-Redaktion beim ZDF Mainz im Programmbereich Kinder und Jugend.

Studenten in Bamberg Sozialwissenschaften studierte, waren die Fächerkombinationen dort besonders vielfältig: Man konnte aus drei romanischen Sprachen zwei wählen, eine im Haupt- und eine im Nebenfach, und hatte für das zweite Nebenfach weitere sozialwissenschaftliche Fächer zur Auswahl: BWL, VWL, Soziologie, Deutsch als Fremdsprache etc. Die häufigste Kombination war Französisch (Hauptfach), Spanisch (Nebenfach) und Betriebswirtschaftslehre (Nebenfach). Ich entschied mich für Französisch und Italienisch und, da ich mich für Politik interessierte, für die Politikwissenschaften. Ich wählte also nur nach Neigungen – was arbeitsmarkttechnisch klüger gewesen wäre, spielte dabei keine Rolle.

Die Universität war mit 8500 Studenten überschaubar, die Kurse bestanden aus kleinen Gruppen. In Bamberg gab es keine Wartelisten, keine Schlange vor der Sprechstunde der Professoren, die Studenten kannten sich alle untereinander und wer wollte, konnte auch schnell persönlichen Kontakt zu den Professoren knüpfen. Dies bedeutet eine intensive Lernsituation und eine sehr gute Betreuung. Dabei musste man den Nachteil in Kauf nehmen, dass die Auswahl an Seminaren und Vorlesungen nicht so groß war wie an einer großen Universität. Außerdem ist Bamberg eine besonders schöne Stadt: auf sieben Hügeln errichtet, reich an barocken Kirchen, Häusern und Stadtpalais, einem imposanten Dom mit dem berühmten Bamberger Reiter, mittelalterlichen Gässchen, dem reizvollen Flüsschen Regnitz und einer unübertrefflichen Bierkneipen-Kultur. 1997 wurde der gesamte Kern der Innenstadt zum Weltkulturerbe erklärt. Wir studierten teilweise in historischen Gebäuden, die unter Denkmalschutz stehen. Was die Studenten (oder deren Eltern) zusätzlich freute: Die Lebenshaltungskosten waren hier sehr niedrig. Ob Bude, Bier oder Bus: Im Vergleich zu den westlichen Universitäten war das Leben in Bamberg am günstigsten.

Wie an der Universität üblich, musste ich mein Studium von Anfang an selbst organisieren. Schon ab dem ersten Semester musste ich Hausarbeiten verfassen und lernte dabei, mich in der Bibliothek zurechtzufinden, selbstständig Inhalte zu erarbeiten und nicht zuletzt erste Erfahrungen mit dem Textverarbeitungsprogramm zu machen.

Da meine Fächerkombination ziemlich »brotlos« war und ich auch während meines Studiums noch kein genaues Berufsbild vor Augen hatte, habe ich mich von Anfang an um möglichst viele und unterschiedliche Praktika bemüht. Schon vor dem Studium führte mich ein sechswöchiges

Praktikum an dem deutsch-französischen Kulturinstitut »Haus Rheinland-Pfalz« nach Dijon, der Partnerstadt von Mainz. Ich erprobte zum ersten Mal meine »Auslandsfähigkeit« und erhielt einen ersten Einblick in das Berufsleben. Es machte mir Freude, auf einem überschaubaren Gebiet die Vielfalt der deutsch-französischen Beziehungen kennen zu lernen: Ich durfte kleine Übersetzungen machen, Empfänge vorbereiten, Ausstellungen mitgestalten und arbeitete dabei zum ersten Mal am Computer. Nach dem zweiten Semester absolvierte ich ein einmonatiges Praktikum am Französischen Generalkonsulat in Mainz. Dies war eher enttäuschend, da ich nur mit verwaltungstechnischen Aufgaben, vorwiegend in der Visaabteilung, betraut wurde, die ziemlich eintönig waren.

Nach dem Vordiplom hatte ich das große Glück, mit einem Stipendium des Deutschen Akademischen Austauschdienstes (DAAD) für ein Studienjahr nach Paris zu gehen. Voraussetzung waren überdurchschnittliche Studienleistungen und ein erfolgreiches Auswahlgespräch, in dem sowohl meine Fachkenntnisse in Politikwissenschaften als auch meine Sprechfertigkeit in Französisch geprüft wurden. Ich entschied mich für eine Universität in Paris, an der man eine so genannte »licence francoallemande« ablegen konnte. Dies ist eine besondere Variante des Studienabschlusses, den die Franzosen nach ihrem dritten Studienjahr absolvieren, der also dem des Bachelor entspricht. Der Studiengang an der Sorbonne Nouvelle Paris III in Asnières ergänzte hervorragend mein Studium in Bamberg, da er deutsch-französisch vergleichend angelegt ist und vor allem die Landeskunde beider Länder (Geschichte, Politik und Wirtschaft) vermittelt. Wir waren etwa 20 deutsche Studenten (darunter 12 DAAD-Stipendiaten), die am Institut d'études allemandes zusammen mit den Franzosen studierten. Das Studienjahr ging von Oktober bis Juni, Semesterferien gab es zwischendrin kaum. Wir mussten schnell feststellen, dass das französische Hochschulsystem sehr verschult ist: Der Stundenplan wird vorgegeben und das erlernte Wissen kurzfristig in den Examina abgeprüft. Aufsätze mussten ganz stringent nach einem bestimmten Schema verfasst werden.

Ich knüpfte schnell Kontakt zu meinen französischen Kommilitonen, doch außerhalb der Universität war es schwierig, die Franzosen für gemeinsame Unternehmungen zu gewinnen. In der Woche gingen sie kaum aus und am Wochenende fuhren sie zu ihren Familien, die meist außerhalb von Paris wohnten. Ob Kino, Theater oder Ausstellung: Trotz des beachtlichen Arbeitspensums unternahmen wir viel innerhalb unserer deutschen Gruppe. Die Pariser Zeit war für mich die schönste Phase, da ich neben einem interessanten Studium eine atemberaubende Metropole mit einem immensen Kulturangebot kennen lernte und dabei wertvolle Freundschaften knüpfte. Der Auslandsaufenthalt war für mich in vielerlei Hinsicht Gewinn bringend: Ich habe mir innerhalb von acht Monaten sehr viel mehr Faktenwissen angeeignet als an meiner deutschen Universität, habe mich kulturell weitergebildet und nicht zuletzt meine Sprachkenntnisse vervollständigt.

Da das Studienjahr nur bis Juni ging und mein Semester in Bamberg erst wieder im November begann, bewarb ich mich für ein dreimonatiges Praktikum bei dem deutsch-französischen Fernsehsender »ARTE« in Straßburg. Die Freude war groß, als ich erfuhr, dass ich den Zuschlag für den begehrten Praktikumsplatz erhalten hatte. In der Abteilung Presse- und Öffentlichkeitsarbeit war ich mit ganz unterschiedlichen Aufgaben betraut: Ich verfasste Pressetexte, hielt Kontakt zu den Journalisten und durfte in Abwesenheit meiner Vorgesetzten sogar eine Pressekonferenz organisieren. Die Arbeit bei »ARTE« war abwechslungsreich und durch den alltäglichen Gebrauch beider Sprachen, des Französischen und des Deutschen, für eine deutsche Romanistin besonders bereichernd. Dass ich mit diesem Praktikum die Weichen für ein weiteres Praktikum gelegt hatte, das mir den Eintritt in mein Berufsleben verschaffte, ahnte ich damals natürlich noch nicht.

Nach meiner Rückkehr nach Bamberg bat mich eine Professorin, ein Tutorium zur Einführung in die französische Landeskunde zu leiten. Es richtete sich an Romanistik-Studenten im ersten und zweiten Semester und fand ausschließlich in französischer Sprache statt. Dies war eine echte Herausforderung für mich, da ich das Konzept selbstständig entwickeln und dabei wertvolle didaktische Erfahrungen sammeln konnte. Diese Möglichkeit, solch ein Tutorium zweimal zu leiten, eröffnete sich mir durch den persönlichen Kontakt zu einer Professorin, wie man ihn an einer kleinen Universität leichter knüpfen kann. Neben dem Zeugnis, das mir von »ARTE« ausgestellt wurde, half mir auch die Beurteilung dieser Professorin bei meiner Bewerbung um eine Hospitanz beim Fernsehsender ZDF.

»Fernsehluft« hatte ich bei »ARTE« schon geschnuppert, doch nun wollte ich auch die redaktionelle Seite und damit die Produktion einer Fernsehsendung kennen lernen. Nach einer Wartezeit von eineinhalb

Jahren erhielt ich die Zusage für eine sechswöchige Hospitanz in der von mir gewünschten Redaktion, der Hauptredaktion Außenpolitik. Ich erhielt vor allem Einblick in den Redaktionsalltag des wöchentlichen Magazins »auslandsjournal«, durfte aber auch an etlichen aktuellen außenpolitischen Sondersendungen (»ZDFspezial«) mitwirken. Da ich mein Praktikum während der Urlaubszeit absolvierte, übertrug mir die Redaktion sehr schnell verantwortungsvolle Aufgaben: Schon nach zwei Wochen verfasste ich einen kurzen Beitrag über die Bürgerkriegssituation im Sudan, der dann im Rahmen des »auslandsjournals« ausgestrahlt wurde. Darüber hinaus recherchierte ich für die Moderation, verfasste Texte für den dazugehörenden Internetauftritt und suchte Bildmaterial heraus. Nach Abschluss meiner Hospitanz fragte mich die Redaktion, ob ich als freie Mitarbeiterin dort weiterarbeiten wollte.

So arbeitete ich neben meinem Studium zwei Jahre lang in der Hauptredaktion Außenpolitik des ZDF und pendelte zwischen Bamberg und Mainz. Obwohl ich die Abläufe schon während meiner Hospitanz kennen gelernt hatte, begann die freie Mitarbeit mit einem Sprung ins kalte Wasser. Der Hauptredaktionsleiter hatte gewechselt, die Sendung wurde anders konzipiert und meine Aufgaben waren vielfältiger und anspruchsvoller geworden. In diesen zwei Jahren lernte ich, unter Zeitdruck zu arbeiten. Ich verfasste Pressetexte und den Sendeablauf, schnitt den Trailer – am Tag der Ausstrahlung war ich für den Vorspann, den Abspann und die Bearbeitung der einzelnen Beiträge verantwortlich. Dabei arbeitete ich in erster Linie für das »auslandsjournal«, wirkte aber auch an aktuellen »ZDFspezial«-Sondersendungen sowie an dem Format »Die lange auslandsjournal-Nacht« (mit Diskussionsrunden) und an außenpolitischen Dokumentationen mit. Diesen Sprung ins kalte Wasser empfand ich anfangs als hart, da mir plötzlich Aufgaben gestellt wurden, deren Bewältigung ich nie richtig gelernt hatte und die ich unter teilweise schwierigen Bedingungen erledigen musste (kein eigener Arbeitsplatz, extremer Zeitdruck etc.). Besonders belastend war für mich, dass ich morgens nicht wusste, was tagsüber auf mich zukommen würde, da sich vieles erst durch die Aktualität ergab. Ich machte auch Fehler, musste zum Beispiel Textstellen ändern, den Trailer neu schneiden etc. Aber je mehr Erfahrungen ich sammelte, desto mehr wuchs ich an den Aufgaben und wurde dadurch auch routinierter und selbstbewusster. Den Wert der Teamarbeit lernte ich schätzen und wünschte sie mir auch für mein späteres Berufsleben.

Parallel dazu verfasste ich an der Universität meine Diplomarbeit. Da ich bereits alle Scheine erworben hatte, konnte ich mir meine Zeit einteilen und das Studium gut mit meinem Nebenjob beim ZDF vereinbaren. Das Thema meiner Arbeit wählte ich selbst aus. Ich wollte mein Hauptfach Französisch mit meinem Nebenfach Politikwissenschaft verknüpfen und untersuchte deutsche und französische Pressereaktionen auf die Deutschlandpolitik François Mitterrands während des Prozesses der deutschen Wiedervereinigung. Dazu gab es bislang keine umfassende Analyse. Dies erschien mir einerseits reizvoll, war aber auch mit einer langwierigen Recherche des Quellenmaterials verbunden. Die erteilte Note »sehr gut« war eine gute Grundlage für die spätere Examensnote.

Bevor ich mich auf das Examen vorbereitete, leistete ich mir mit einem einmonatigen Praktikum ein kurzes Intermezzo beim »Spotlight Verlag« in München. Dort wirkte ich in der Redaktion von »écoute« mit, die ein französischsprachiges monatliches Magazin herausgibt, das sich an Französisch lernende Deutsche wendet. Ich recherchierte Presseartikel, die sich als Meldungen eigneten, verfasste selbst Meldungen und kurze Anreißer-Texte und übersetzte das Vokabular. Die Redaktion bestand nur aus drei Personen und das Klima war sehr herzlich.

Mein Examen im Mai 2000, in dem alle drei Fächer schriftlich und mündlich abgeprüft wurden, verlief sehr gut, sodass ich eine Abschlussnote von 1,5 erreichte. Erst nachdem ich mein Zeugnis erhalten hatte, fing ich an, mich auf verschiedene Stellen zu bewerben. Im Nachhinein erkenne ich dies als einen Fehler; ich hätte mich schon während meiner Examensvorbereitungen bewerben sollen. Damit hätte ich mir wahrscheinlich Wartezeiten erspart. Meine Stelle in der Hauptredaktion Außenpolitik beim ZDF wollte und konnte ich nach meinem Examen nicht langfristig weiterführen: Die Arbeit machte mir zwar weiterhin viel Spaß, weil ich auch ständig dazulernte, aber sie war mehr ein Sprungbrett für eine neue, umfassendere Tätigkeit. Ich war dort in ganz unterschiedliche Abläufe involviert, hatte aber keinen eigenen Aufgabenbereich und war den Redakteuren unter-, jedoch nie beigeordnet. Außerdem hatte ich dort noch nicht mal eine halbe Stelle und es war aussichtslos, mein Kontingent an Arbeitstagen aufzustocken, sprich: Ich konnte nicht davon leben. Zum Glück hatte ich die Möglichkeit, in meiner Bewerbungsphase beim ZDF verstärkt als freie Mitarbeiterin arbeiten zu können.

Wie bewirbt man sich richtig? Ich wälzte Bewerbungsratgeber für Hochschulabsolventen, informierte mich auf zwei Bewerbungsseminaren, ging auf Jobmessen, verfasste Initiativbewerbungen und bewarb mich auf in Zeitungen und im Internet ausgeschriebene Stellen. Dabei stellte ich fest, dass es sehr wenige gab, die zu meinem Profil passten bzw. die mich auch interessierten. Die meisten Arbeitgeber wollten keine Berufsanfänger einstellen. Die Suche nach der geeigneten Stelle erwies sich als schleppend und mühsam. Ich bewarb mich vor allem in drei Branchen: Verlag, Rundfunk und Presse- und Öffentlichkeitsarbeit – von der redaktionellen Mitarbeit bei einem regionalen Fernsehsender über ein PR-Volontariat bis hin zu einer Stelle als Führungsnachwuchskraft in einem Verlag. Ich hatte es mir einfacher vorgestellt, hatte ich doch mein Studium innerhalb eines angemessenen Zeitraums mit einer sehr guten Note abgeschlossen und Berufserfahrungen über diverse Praktika und als freie Mitarbeiterin gesammelt. Teilweise waren die Stellenausschreibungen so unpräzise, dass ich mich, bevor ich eine Bewerbung verfasste, immer erst telefonisch bei einem Personalverantwortlichen erkundigte, um herauszufinden, ob die Stelle überhaupt für mich geeignet sei. Diese Methode erwies sich als sinnvoll, da ich mir damit unnötigen Zeitaufwand und Kosten ersparte bzw. teilweise wertvolle Zusatzinformationen erhielt, die mir beim Verfassen des Bewerbungsschreibens halfen. Nur sehr wenige Vorstellungsgespräche verliefen für den Arbeitgeber und mich wirklich zufrieden stellend. Die interessantesten Stellenangebote erreichten mich über persönliche Kontakte, die ich während meiner Praktika und meiner freien Mitarbeit beim ZDF geknüpft hatte.

Nach drei Monaten, in denen ich noch keine geeignete Stelle gefunden hatte, fiel mir ein Informationsblatt vom Hochschulteam der Agentur für Arbeit Mainz in die Hände, in dem eine Weiterbildung für Hochschulabsolventen angeboten wurde. In vier Monaten konnte man in Mainz ein Internet-Intensivseminar belegen und den Umgang mit den wichtigsten Programmen erlernen, die man für die Erstellung von Websites benötigt (Dreamweaver, Photoshop, Flash, Freehand etc.). Der Kurs interessierte mich, weil ich mich nach meinem Examen innerhalb der Hauptredaktion (HR) Außenpolitik verstärkt um den zur Sendung gehörigen Internetauftritt kümmerte – allerdings nur redaktionell, für die technische Umsetzung waren die Kollegen der Online-Redaktion verantwortlich. Nach einem Vorstellungsgespräch erhielt ich die Zusage für diese Weiterbildung. An dem Kurs nahmen etwa 20 Akademiker teil und er fand von September 2000 bis Januar 2001 statt. Die Referenten kamen aus der Praxis und unterrichteten uns täglich sieben Stunden. Unser Lernprogramm war sehr intensiv. Darüber hinaus wurden uns Bewerbungstechniken beigebracht, wir übten Vorstellungsgespräche. Die Gruppe harmonierte gut, die Referenten waren zum größten Teil sehr kompetent. Die Weiterbildung schloss mit einem Projekt: Wir erstellten selbst eine Website.

Parallel zu dem Kurs bewarb ich mich weiter und wurde auch zu Vorstellungsgesprächen eingeladen. Durch die Vermittlung meines Chefs der HR Außenpolitik führte ich auch ein Gespräch bei dem Leiter der Online-Redaktion (Hauptredaktion Neue Medien) des ZDF. Es ging um eine Stelle für Presse- und Öffentlichkeitsarbeit.

Im Dezember 2000 erhielt ich dann die Zusage für meine erste richtige Vollzeit-Stelle, die ich am 1. Februar 2001, also zwei Wochen nach Ende der Weiterbildung, als freie Mitarbeiterin in der HR Neue Medien antrat. Ich hatte, wie als Studentin auch, Quartalsverträge, die nahtlos aneinander anschlossen. Diese Vertragsform ist beim ZDF gang und gäbe, vor allem für Berufsanfänger.

Dort verfasste ich Pressemeldungen, Pressemappen und Newsletter zum Online- und Teletext-Angebot des ZDF (www.zdf.de, www.heute.t-online.de, www.tivi.de, ZDFtext), nahm Kontakt zu externen Online-Presseverantwortlichen auf und beantwortete Presseanfragen. Außerdem war ich für die Promotion von Gewinnspielen im Internet zuständig. Ich bereitete Bewerbungen für Multimedia-Preise vor und nahm repräsentative Aufgaben wahr, indem ich auf Medienveranstaltungen die ZDF-Internet-Auftritte vorstellte, die für einen Preis nominiert worden waren. Ein Höhepunkt war dabei eine fünftägige Dienstreise nach Tokio, wo ich das Online-Angebot zu der Kindernachrichtensendung »logo!« präsentierte. Mein umfassendstes Projekt bestand in der externen und internen Presse- und Öffentlichkeitsarbeit anlässlich der umfassenden Erneuerung (Relaunch) des Internet-Auftritts www.zdf.de.

Im Unterschied zu meiner vorherigen Stelle in der HR Außenpolitik hatte ich nach einer kurzen Einarbeitungsphase durch eine Kollegin nun einen eigenständigen Bereich, für den ich allein verantwortlich war. Leider war dies auch mit deutlich weniger Teamarbeit verbunden – den Austausch mit Kollegen vermisste ich sehr. Der Vorteil war, dass ich weniger stark unter Zeitdruck arbeitete, da meine Aufgaben kaum an die Aktualität gebunden waren. Allerdings musste ich mich erst an den neuen Kommunikationsstil gewöhnen, der darin bestand, dass man besonders stark über E-Mails miteinander verkehrte. Dies hat zwar den Vorteil, dass man alle Vorgänge schriftlich nachvollziehen kann, es ist aber auch sehr viel anonymer. Meine Kollegen waren sehr nett, sodass ich mich schnell integrierte. Mein Vorgesetzter, der Hauptredaktionsleiter, gab keine klare Linie vor. Ich musste also meine Entscheidungen vollkommen selbstständig treffen, meinen eigenen Weg finden, was mir vor allem am Anfang sehr schwer fiel. Nach einem halben Jahr empfand ich meine Aufgaben als monoton. Die Pressemeldungen, die ich verfasste, drehten sich relativ stark um die technische Seite des Online- und Teletext-Angebots. Bis auf meine Dienstreise nach Tokio gefielen mir auch die repräsentativen Aufgaben nicht sehr. Meine Internet-Kenntnisse, die ich mir während meiner Weiterbildung angeeignet hatte, konnte ich im PR-Bereich so gut wie gar nicht nutzen. Wenn meine Kollegen nicht so sympathisch gewesen wären, hätte ich sehr wenig Freude an dieser Stelle gehabt. Am besten gefiel es mir, Pressearbeit für das Online-Angebot des ZDF-Kinderprogramms »tivi.de« zu machen. Mit dem Produkt konnte ich mich gut identifizieren und die Zusammenarbeit mit den »tivi«-Kollegen machte mir besonders viel Spaß.

Nach eineinhalb Jahren, Ende Juni 2002, erfuhr ich, dass aus finanziellen Gründen innerhalb der HR Neue Medien vier Stellen gestrichen werden sollten – und meine war leider dabei. Ich war die Jüngste – sowohl was das Lebensalter als auch das Dienstalter angeht – und hatte eine Stabsstelle, die generell leichter zu rationalisieren sind als solche im Bereich der Produktion von Websites. Obwohl ich in dem, was ich tat, nicht aufging, saß der Schock über den Verlust meiner Stelle tief. Zuerst sah ich mich innerhalb des ZDF um, rechnete mir aber wenige Chancen aus, da das ZDF massiv sparen musste und überall Stellen abgebaut wurden. Parallel dazu fing ich an, mich nach externen Stellen umzuschauen, führte Gespräche bei Zeitarbeitsfirmen, durchforstete mal wieder Stellenanzeigen. Die Zeit lief – noch maximal vier Monate blieben mir in der Redaktion und ich wollte eine Lücke in meinem Lebenslauf und einen Verdienstausfall vermeiden. Nach zwei Monaten hatte ich Glück: Ich wurde zu einem Vorstellungsgespräch im Programmbereich Kinder & Jugend eingeladen! Eine Kollegin, die für das Online-Angebot zu der Sendung »Tabaluga tivi« verantwortlich war, wollte die Redaktion wechseln und empfahl mich dort. Ich erfuhr, dass der Online-Bereich beim ZDF-Kinderprogramm umstrukturiert werden sollte und die Redaktion einen Online-Redakteur für den Unterhaltungsbereich von »tivi.

de« suchte: Ich nutzte meine Kontakte und erhielt den Zuschlag für diese Stelle, sodass ich nahtlos Ende September 2002 im Programmbereich Kinder & Jugend als Online-Redakteurin (in freier Mitarbeit) anfangen konnte.

Seitdem besteht meine Aufgabe darin, die Online-Angebote zu den regelmäßigen Unterhaltungssendungen »Tabaluga tivi«, »1, 2 oder 3« und »Nelly Net(t)« zu betreuen und den programmbegleitenden Internet-Auftritt zu neuen TV-Formaten zu konzipieren und umzusetzen. Ich verfasse also Info-Texte in kindgerechter Sprache, biete Online-Abstimmungen, Gewinnspiele, Bildergeschichten und Steckbriefe an, betreue Gästebücher und konzipiere Online-Spiele. Die Zielgruppe sind Kinder zwischen 8 und 13 Jahren. Die Arbeit ist sehr kreativ und ausgesprochen abwechslungsreich. Ich arbeite sehr viel im Team: Einerseits stimme ich mich mit den Kollegen aus den TV-Redaktionen ab, andererseits arbeite ich eng mit den so genannten Multimedia-Editoren zusammen, die als Grafiker für die technische Umsetzung der Internetseiten zuständig sind. Ich bin also vor allem für die inhaltliche, d. h. redaktionelle Seite verantwortlich, setze dies aber auch zum Teil technisch um. Dabei kann ich die Kenntnisse aus meiner Weiterbildung nutzen, was bei meiner vorherigen Stelle nicht möglich war. Da ich einen ganzen Bereich betreue, konzipiere ich immer wieder neue Online-Angebote zu neuen Sendungen und setze dies dann in Zusammenarbeit mit einem Grafiker um. Die Arbeitsatmosphäre in dieser Redaktion ist ausgesprochen herzlich, meine Kollegen sind zwischen 25 und 40 Jahre alt, also etwa in meinem Alter. Meine heutige Tätigkeit macht mir sehr viel Freude, da sie viel mit Kreativität zu tun hat und ich innerhalb meines Bereichs sehr frei bin. Ich allein entscheide, wie umfangreich und in welcher Form ich die Themen der Sendungen online begleite, und freue mich natürlich besonders über die fast nur positiven Rückmeldungen der kritischen jungen User unseres Internet-Auftritts.

In meinem Beruf kann ich zwar meine im Studium erworbenen Fachkenntnisse nicht direkt nutzen, wohl aber andere grundsätzliche Fähigkeiten und Arbeitstechniken, die ich mir in dieser Zeit angeeignet habe. Von mir wird verlangt, dass ich selbstständig arbeite, neue Inhalte recherchiere, strukturiert und logisch denken kann (zum Beispiel bei der Entwicklung von Konzepten zu neuen Online-Angeboten), mich rhetorisch gut ausdrücken kann und einen flüssigen und flotten Schreibstil habe, der

der Zielgruppe angemessen ist. Gerade weil ich mich mit so vielen Kollegen abstimmen muss, sind Kommunikations- und Teamfähigkeit in meinem Arbeitsalltag ganz besonders wichtig. Darüber hinaus muss ich in Besprechungen »mein Produkt«, das Online-Angebot, präsentieren und verkaufen. Dabei spielt es keine Rolle, welchen akademischen Abschluss ich erworben habe, sondern nur die Tatsache, dass ich ihn habe. Kollegen, die ohne Hochschulabschluss eine ähnliche Position innehaben wie ich, sind sehr selten. Meine Abschlussnote, geschweige denn das Thema meiner Abschlussarbeit waren für meine berufliche Karriere auch nicht relevant. Vor allem dank meiner vielfältigen praktischen Erfahrungen (Praktika und Weiterbildung) und den daraus entstandenen Kontakten habe ich mich immer weiter entwickeln können und bin letztendlich dort gelandet, wo ich glücklich bin. Dabei nehme ich in Kauf, dass meine Stelle nicht sehr sicher ist. Bei Kürzungen wird meistens zuerst bei den freien Mitarbeitern gespart. Ein Vorteil der freien Mitarbeit sind die flexiblen Arbeitszeiten und die Möglichkeit der Teilzeit. Durch meine Praktika und die Tatsache, dass ich innerhalb von fünf Jahren beim ZDF drei Stationen durchlaufen habe, wurde mir immer klarer, welche beruflichen Ziele und Wünsche ich habe. So weiß ich heute etwa, dass ich besonders gerne und gut im Team arbeite, mir kreative Aufgaben liegen, ich gerne textlich arbeite und dass ich bei Stress weniger gut »funktioniere« und deshalb in der »Aktualität« nicht gut aufgehoben wäre. Besonders reizvoll finde ich es, in einem großen Unternehmen zu arbeiten, wo es gang und gäbe ist, dass man nach ein paar Jahren die Stelle wechselt, um sich beruflich zu verändern. Diese Möglichkeit möchte ich, obwohl ich momentan mit meiner Tätigkeit sehr zufrieden bin, weiterhin nutzen können. Dasselbe gilt für Fortbildungen, die in meiner Abteilung glücklicherweise einen hohen Stellenwert haben.

Wenn ich die Wahl hätte und die Zeit zurückdrehen könnte, würde ich dieselben Fächer an derselben Universität noch mal studieren und mich um möglichst viele Praktika bei namhaften Unternehmen bemühen. Meiner Ansicht nach sollte man sich bei meiner Fächerkombination bewusst sein, dass es nur wenige Stellen gibt, bei denen das im Studium erworbene Fachwissen unmittelbar gefragt ist. Dies bedeutet, dass man offen sein und sich rechtzeitig verschiedene Alternativen überlegen muss. Wenn man dann noch ein bisschen Mut, Engagement und Neugierde mitbringt und eine Portion Glück hat, findet man sicherlich den Beruf, in dem man aufgeht.

Management internationaler Projekte im öffentlichen Bereich

Osteuropareferentin an der TU München

Sabine Toussaint, 1968 in Kiel geboren, verheiratet, zwei Kinder, studierte in Freiburg i. Br. Slawistik und Geschichte und in Hamburg Ost- und Südslawistik und Sozial- und Wirtschaftsgeschichte. Neben Studienaufenthalten in der Ukraine, Moskau und Sofia war sie als Lehrerin in Almaty, Kasachstan tätig. Nach ihrem Magisterabschluss war sie im Institut für Auslandsbeziehungen e. V., Stuttgart (ifa) beschäftigt und arbeitet seit 2000 an der TU München im Studenten Service Zentrum/International Affairs als Referentin für Mittel-, Ost- und Südosteuropa und die GUS.

Studieren? Na klar – aber was?

Vielleicht gibt es Menschen, die ihren Berufsweg planen. Ich gehöre definitiv nicht dazu. Nach dem Abitur war mir klar, dass ich studieren wollte: Studenten leben in WGs, haben Zeit für lange Frühstücke und Ausflüge und machen einen sehr klugen Eindruck. Das wollte ich auch. Aber was? Eine Zeit lang war es Musiktherapie, dann Landschaftsgärtnerei, dann wieder etwas anderes. Im Nachhinein betrachtet fehlte mir eine kompetente Ansprechperson für diese Fragen. Eine Beratung, z. B. bei der Berufsberatung im Arbeitsamt oder an einer Hochschule hätte mir sicherlich geholfen, um meine Vorstellungen und Möglichkeiten zu überprüfen. Schade, dass es keinen direkten Wegweiser von der Schule zu so einer Beratungsstelle gab. Tatsächlich hat mich in dieser Zeit die Trennung meiner Eltern beschäftigt, die Arbeit in der Schultheatergruppe und die Jungs natürlich.

Direkt nach dem Abi reiste ich drei Monate durch Indien, um danach mehr Klarheit zu haben, was ich machen will. Ich reiste herum, machte interessante Erfahrungen, wurde schrecklich krank, strandete am Ende doch wieder zu Hau-

se und war über meine berufliche Zukunft genauso ratlos wie zuvor. Heute weiß ich: Entscheidungen finden sich nicht, sie müssen gefällt werden. Das braucht Engagement, Recherche und Präsenz. Weglaufen funktioniert nicht. Später ist man immer klüger ...
Mein nächster Schritt war ein Schwesternhelferinnenkurs beim Roten Kreuz. Das versprach ein vorläufiges Ende der Auseinandersetzungen, die ich mit mir und meiner Umwelt führte. Ich bin nicht Krankenschwester geworden, aber der Kurs hat mir später einen guten Job eingebracht und die wichtige Einsicht, dass es ein Leben nach dem Jungsein gibt.
Schließlich sagte mir eine Freundin meiner großen Schwester, ich solle mich endlich bei einer Uni bewerben, Germanistik würde mich doch interessieren, und die Uni in Freiburg sei gut. Daraufhin meldete ich mich dort an. Ich hatte bis zum Studienbeginn an der Universität Freiburg keine Ahnung, was Universität ist und was ich inhaltlich davon will. Wenn ich das so aufschreibe, wird mir im Nachhinein noch schwindelig. Ich tue es dennoch, um deutlich zu machen, dass es einem so gehen kann und man dann doch seinen Weg macht.

Mein Weg zur Slawistik

Welche Fächer ich studieren wollte, habe ich danach entschieden, woran ich in der Schule Spaß hatte. Ich wählte Germanistik als Hauptfach und Geschichte und Slawistik als Nebenfächer. In der Germanistik konnte ich mich aber nicht zurechtfinden. Was mir nicht passte, war die Masse an Leuten in den Seminaren. Ich mochte gern die kleineren überschaubaren Studiengruppen. Und so wechselte ich im Laufe des Grundstudiums zu Slawistik und Geschichte mit Schwerpunkt Osteuropäische Geschichte.
In Freiburg musste ich eine zweite slawische Sprache lernen und wählte Bulgarisch. Nicht, weil ich eine Vorstellung von Bulgarien hatte (ich kannte kein anderes slawisches Land außer Russland), sondern weil es sich so ergab und Polnisch den Ruf hatte, noch viel schwerer zu sein. So kam ich in den familiären Kreis der Bulgaristen, was im Hauptstudium in Hamburg dann zu meinem ersten Nebenfach Südslawistik wurde, mein heimliches Lieblingsfach. Ich konnte nach zwei Besuchen der Sommerschule in Sofia gut Bulgarisch, las Bulgarisch, dolmetschte Bulgarisch, hatte zeitweise einen bulgarischen Freund, kochte bulgarisch und kannte

die bulgarische akademische Szene in Hamburg, die sich ab und zu beim Honorarkonsul Bulgariens traf. Apropos: Die ausländischen Vertretungen, General- oder Honorarkonsulate, Kulturinstitute und Botschaften sind eine gute Anlaufstelle, um Kontakte zum »Studienland« zu knüpfen und über den Tellerrand des Philologiestudiums zu schauen.

Die Einführungsseminare in Russischer Literatur- und Sprachwissenschaft interessierten mich im Grundstudium nur wenig. Besser fand ich die Sprachkurse. Ich hatte bereits Russisch an der Schule gehabt und konnte gut darauf aufbauen. Im dritten Semester machte ich meine erste Studienreise nach Osteuropa, mit einem Geschichtskurs in die Ukraine. Das war die Initialzündung für weitere Reisen und Sprachkurse in »meiner« Region, die mich sehr motiviert haben.

Nach dem Grundstudium ging ich für drei Monate zu einem Sprachkurs nach Moskau und begann anschließend mein Hauptstudium. Ich hatte dafür Hamburg ausgewählt, da ich in eine richtige Großstadt und an einen größeren Lehrstuhl für Slawistik wollte. Am neuen Ort startete ich durch und wurde eine richtig eifrige Studentin. Ich hatte meinen Platz gefunden. Ich befasste mich mit Textanalyse, Literaturgeschichte und -theorie. Ich wohnte in dieser Zeit mit einer Kommilitonin zusammen, mit der ich Dostojewskij um die Wette las, mich an Puschkin ergötzte und über die Frage des Ereignisses in Tschechows Erzählungen fachsimpelte. Parallel dazu besuchte ich bis zum Ende des Studiums Sprachkurse in Russisch und Bulgarisch.

Geschichte blieb mir bis zum Schluss im Handgepäck, wenngleich ich keinen großen Fleiß dafür entwickelte. Dass es eine Vergangenheit gibt, über die wir etwas wissen und die uns in bedeutendem Maße bestimmt, hat mich schon immer fasziniert. Ich wechselte in Hamburg zur Sozial- und Wirtschaftsgeschichte als zweites Nebenfach, also wieder ein kleinerer Bereich im großen Fach Geschichte.

So klingt das alles recht unkompliziert, aber es gab auch viele Tiefs und immer wieder die Frage, ob ich wohl die Richtige für dieses Studium bin. Manche Dinge wurden anfangs für die Erstsemester nicht ausreichend erklärt. Meine erste Seminararbeit in Geschichte, die ich mit Feuereifer geschrieben hatte, fiel von der Bewertung her nicht so gut aus wie ich gedacht hatte. Der Grund war, dass ich noch nicht wusste, wie eine Seminararbeit aussehen muss, welchen Kriterien sie standhalten muss, wie ich überhaupt herangehe. Das war eine schwierige

Lektion, da ich durch diese erste Erfahrung für die folgenden Arbeiten sehr deprimiert war.

Meine Arbeiten schrieb ich (anfangs noch auf einer mechanischen Schreibmaschine) im Zehn-Finger-Such-System. Blind Tippen habe ich erst in der Babypause nach dem ersten Kind gelernt. Hätte ich bloß früher gewusst, dass es total einfach zu lernen ist und Spaß bringt! Echte Probleme hatte ich mit Prüfungssituationen. Ich denke da an die Lateinprüfung in Freiburg oder die Klausur Altkirchenslawisch II im Grundstudium, aber auch an meine schriftliche Examensklausur in Russisch. Mein Hang zur Improvisation hat mich bei meinen vielen Jobs und Auslandsaufenthalten immer gerettet. In Prüfungen half mir das gar nichts. Ich sollte Wissen reproduzieren, hatte aber manchmal einfach nicht genug gelernt und der Stress war dadurch sehr groß.

Die Examensphase war eine Zeit, in der ich sehr konzentriert arbeitete und lernte. Der Titel meiner Magisterarbeit lautete:»Jurij N. Tynjanovs Roman ›Kjuchlja‹. Deformierende Verfahren und ihre Funktion«. Sie basierte auf dem Vergleich historischer Quellen mit dem literarischen Text, in dem sie verfremdet wurden. Das hat mir wirklich Spaß gebracht und ist mir gut von der Hand gegangen, auch wenn es keine wissenschaftliche Rarität wurde. Wichtig war es, diese Arbeit selbstständig zu verfassen, das Thema zu finden, das Konzept zu erstellen, die Analysen durchzuführen und alles verständlich aufzuschreiben. Arbeitsorganisation wurde in dieser Zeit zu einer meiner Stärken. Es hat gut geklappt, die Zeit einzuteilen und den Stress in Grenzen zu halten.

Zur Ernüchterung sei gesagt, dass die Magisterarbeit und meine Examensnote für meine Bewerbungen und die späteren Arbeitgeber vollkommen unwichtig waren. Zur weiteren Ernüchterung: Auch die spezifischen Studieninhalte der Slawistik und der Geschichte habe ich in meinem Berufsleben nie wieder genutzt.

Wichtig ist aber der indirekte Nutzen des Studiums: Ich habe ein gutes Verständnis für Texte und Sprache und ein Auge für korrekte Vermittlung durch Sprache in Wort und Schrift. Ich nutze meine Sprachkenntnisse, obwohl ich leider jetzt sehr viel schlechter Russisch und Bulgarisch spreche als während oder direkt nach dem Studium. Ich habe einen guten Zugang zur russischen und bulgarischen und der allgemein slawischen Kultur gefunden, besonders durch meine Auslandsaufenthalte. Außerdem habe ich gelernt, wie ich mir die unterschiedlichsten Themengebiete erschließen kann, weiß mich selbst einzuschätzen und mich zu motivieren. Das ist für das Berufsleben sehr, sehr nützlich. Literaturwissenschaft und Geschichte sind verwandte Fächer, deren Methoden ähnlich sind. Es wäre sinnvoll gewesen, zusätzlich ein Fach wie Betriebswirtschaft, Journalismus oder Kommunikationswissenschaften zu studieren, das nach dem Studium eine breitere Qualifizierung bietet. Ich blieb jedoch bei meinen Geisteswissenschaften und erarbeitete mir meine Zusatzqualifikationen außerhalb des Studiums in meinen Jobs.

Jobs und Auslandsaufenthalte – ein Muss in doppelter Hinsicht

Mit meinem Vater war abgemacht, dass ich neben dem Studium Geld verdiene, und ich habe sehr gerne gejobbt. Da ich mich in der Wissenschaft nie ganz zu Hause gefühlt habe, habe ich den Kontakt zum »richtigen Leben« außerhalb der Uni gebraucht. Das hat meine Studienzeit zwar verlängert, mir aber für meine späteren Arbeitsfelder viel gebracht. In Freiburg jobbte ich im Service, zunächst in der Uni-Cafeteria (Brötchen schmieren, Abfall wegräumen und putzen), dann in einer Kleinkunstkneipe. In Hamburg war ich dann an Wochenenden und Feiertagen in der ambulanten Altenpflege.

Im Wintersemester 1992/93 ging ich für fünf Monate als Sprachassistentin nach Almaty, Kasachstan. Ich habe dort als Lehrerin einer Spezialklasse für Deutsch gearbeitet und unterrichtete die Schülerinnen und Schüler einer dritten Grundschulklasse in allen Fächern außer Musik und Russisch in deutscher Sprache. Nebenbei habe ich einen Literaturkurs an einer Universität gehalten, eine Sendung für das dortige deutsche Fernsehprogramm gemacht und bin viel im Deutschen Theater Almaty bei Proben gewesen.

Nach diesem Auslandsaufenthalt übernahm ich nur noch Jobs, die mit meinem Studium zusammenhingen. Ich habe viel Russisch und Bulgarisch gedolmetscht, was übrigens auch zum Teil durch den Lehrstuhl vermittelt wurde, und als studentische Hilfskraft (Hiwi) in der Slawistik und im Akademischen Auslandsamt gearbeitet. Ich habe mich durch diese Jobs meinem späteren Berufsfeld angenähert und handfeste Praxiserfahrungen gesammelt, die bei der Bewerbung um meine erste Arbeitsstelle entscheidend waren.

Absolut wichtig und rundum hilfreich für mich persönlich und damit auch für meinen Beruf waren Kommunikationsseminare, die ich 1994–1995 neben dem Studium besuchte. Dabei ging es nicht um Rhetorik, sondern darum, was ich von meinem Leben will und wie ich es erreichen kann – Persönlichkeitsentwicklung nennt man das etwas schwammig. Es war ein Trainingsprogramm in Selbstmanagement, in Zusammenarbeit im Team und in Coaching. Es lieferte mir das Handwerkszeug für einen guten Start ins Berufsleben.

Bewerbung und Einstieg in das Berufsleben: in die Vollen gehen

In den Geisteswissenschaften ist man nach dem Studium unqualifiziert, es sei denn, man bleibt als Wissenschaftlerin an der Uni. Das hatte ich schon in einem Seminar des IZHD (Interdisziplinäres Zentrum für Hochschuldidaktik, Hamburg) erfahren. Dort wurden mögliche Berufsfelder für Geisteswissenschaftler und Geisteswissenschaftlerinnen erkundet und analysiert, welche Weiterbildung man dafür benötigt, u. a. für Journalismus, Verlagswesen, Arbeit in internationalen Organisationen, Stiftungen. Im Prinzip hatte ich also eine gute Basis, um meine weiteren Berufsentscheidungen zu treffen. Ich hatte aber kein konkretes Ziel vor Augen und habe einfach angefangen.

Mit einer freien Arbeit für den Ernst Klett Verlag über Slowenien überbrückte ich das Loch, das sich nun ohne Plan und Einkommen auftat, zumal die Lebenshaltungskosten ohne Studentenausweis plötzlich deutlich höher wurden (Monatskarte, Krankenversicherung, Kino, Theater). Trotzdem war ich voller Tatendrang und startete durch. Ich fertigte mir per Computer Visitenkarten an: »Sprache & Verständigung – Russisch, Bulgarisch«, gab mich also als freischaffend aus und ging auf Veranstaltungen, um Kontakte zu knüpfen, z. B. eine Veranstaltung von der IHK Hamburg und der Südosteuropa Gesellschaft (SOG) zum Thema »Investieren in Bulgarien«. Zur SOG war ich über eine Professorin aus Hamburg gekommen.

Meine Strategie, Kontakte zur Arbeitswelt zu knüpfen, bestand darin, mit allen möglichen Leuten zu sprechen, die mir Rat geben oder Kontakte vermitteln können. Dieses System der Berufsfindung habe ich Jahre später in vollendeter Form in dem sehr klugen Buch von Richard N. Bolles gefunden:»Durchstarten zum Traumjob« (siehe Literaturhinweise). Strategie oder Glück? Ich habe ganze drei Bewerbungen geschrieben, von denen zwei ernsthaft waren. Ich habe beide Stellen angeboten bekommen. Zum Vergleich: Ein Kommilitone von mir schrieb als Slawist 150 Bewerbungen, machte dann eine Weiterbildung und hatte erst Jahre später eine Arbeit, von der er leben konnte. Er hatte einfach nicht mit den Leuten geredet. Die eine Stelle war ein Assistenzlektorat des DAAD (Deutscher Akademischer Austauschdienst) in Bulgarien. Da war meine Nische der Bulgaristik gefragt. Die andere Stelle, die ich dann annahm, war am Institut für Auslandsbeziehungen (ifa) in Stuttgart als Leiterin des »Referats Mittel-, Ost- und Südosteuropa« zur Förderung deutscher Minderheiten in dieser Region. Bei meinem Job im Auslandsamt der Uni Hamburg waren mir die Veröffentlichungen des ifa aufgefallen. Daraufhin hatte ich meinen Chef gebeten, mir dort einen Termin zu vermitteln, was die Chance erhöhte, nicht abgewimmelt zu werden. Kurz nach meinem Besuch am ifa wurde die Stelle der Referentin, mit der ich gesprochen hatte, als Mutterschaftsvertretung ausgeschrieben. Ich rief an, bewarb mich und wurde genommen. Ich brachte viele der geforderten Qualifikationen mit, aber das ausschlaggebende Kriterium war, dass ich persönlich bekannt war. Ich war zufällig zur rechten Zeit am rechten Ort gewesen.

In der ersten Zeit nach dem Arbeitsbeginn hat mich sehr irritiert, wie unklar vieles war. Ich erhielt erst nach einigen Wochen meinen Arbeitsvertrag, bekam vorher kein Geld und hatte vor allem keine Einarbeitungszeit, da meine Kollegin vorzeitig in den Mutterschutz gehen musste. Heute weiß ich, dass das oft so läuft, aber damals war ich wirklich geschockt. Nichts war mehr so geordnet wie im Studium. Gerettet haben mich meine sehr lieben und kompetenten Mitarbeiterinnen im Team. Es herrschte eine sehr herzliche und offene Stimmung, sodass ich schnell lernen konnte, was ich für meine Aufgaben wissen musste. Für mich gilt seither: Ein gutes Team ist Gold wert!

Die erste Stelle

Im ifa war ich zuständig für öffentliche Gelder, die das Auswärtige Amt für Kulturprojekte in Polen, Rumänien, Ungarn, Tschechien, Litauen und Kasachstan bereitstellte. Meine Aufgabe war es, dieses Geld in sinnvolle

Projekte zu investieren und die zweckgebundene Verwendung zu kontrollieren. Die Arbeit hatte zwei Schwerpunkte: Zum einen wurden Projektanträge von Dritten bei uns eingereicht, die Projekte durchführen wollten, z. B. die Reise einer Schulklasse nach Rumänien. Diese Anträge mussten geprüft und begutachtet werden, dann die Höhe der Förderung (Zuwendung) bestimmt und vertraglich festgelegt werden (Zuwendungsvertrag). Wenn die Schulklasse ihre Reise beendet hatte, musste sie eine Abrechnung (Verwendungsnachweis) vorlegen und die wurde dann von uns geprüft, also insgesamt ein rein administrativer Vorgang.

Der zweite Teil der Tätigkeit bestand darin, eigene Projekte zu konzipieren und durchzuführen, z. B. ein deutschsprachiges Medienprojekt in Polen auf die Beine zu stellen, eine Fachberaterin für deutschsprachige Kindergärten in Rumänien zu entsenden oder ein Programm für Sprachassistenten und -assistentinnen aufzubauen. Dieses Projektmanagement machte für mich den Reiz der Aufgabe aus. Zur Tätigkeit gehörten Reisen in die jeweiligen Länder, um die Partner dort zu besuchen und die jeweiligen Projekte zu begutachten. Ich hatte regelmäßig mit dem Auswärtigen Amt, den deutschen Botschaften oder Generalkonsulaten in den Ländern und den Vertretern der Verbände der deutschen Minderheiten zu tun.

Mein Studium und die Auslandserfahrungen halfen mir, Inhalt und Verlauf der Projekte einzuschätzen. Zufällig betreute ich u. a. die Förderung für das Deutsche Theater Almaty, das ich ja aus meiner Zeit dort kannte. Die Sprachkenntnisse halfen mir enorm, wenn es darum ging, mit einem Projektteilnehmer klarzukommen und zu signalisieren: Ich verstehe dich! Ich konnte mich in die Unterlagen schnell einarbeiten, konnte neue Sachverhalte analysieren, strukturieren und Lösungsvorschläge entwickeln.

Mit der Zeit kannte ich mich im ifa besser aus und begann, mich für die strukturellen und konzeptionellen Fragen des Instituts zu interessieren. Besonders interessant war die Reformdebatte, die nach einem Führungswechsel eingeleitet wurde. Es wurde beschlossen, eine Unternehmensanalyse durchzuführen und merkwürdigerweise bat man mich, zusätzlich zu meiner sonstigen Tätigkeit, Koordinatorin der Arbeitsgruppe zu sein, die diese Analyse durchführte. Ich war viel zu geschmeichelt, um rechtzeitig zu erkennen, dass diese Aufgabe viel mehr Erfahrung und Zeit forderte als ich mitbrachte. Ich biss die Zähne zusammen und zog die Sache durch. Leider war das Projekt zeitlich sehr knapp kalkuliert, und es kam zu vielen Komplikationen. Ich versuchte, das irgendwie zu meistern, und holte mir in privater Initiative Hilfe durch einen Bekannten, der mich coachte. Die Zusammenarbeit funktionierte so, dass ich wöchentlich eine E-Mail mit meinen Vorhaben für die Woche schickte und wir dann telefonisch einzelne Probleme besprachen. Das war für mich persönlich eine riesige Hilfe. Das Projekt wurde fertig, aber das Team und ich selbst waren mit dem Ergebnis nicht wirklich zufrieden. Damals konnte ich nicht klar sehen, dass es an der Projektstruktur und nicht an mir lag. Heute würde ich sowohl rechtzeitig das Gespräch mit meinem Chef als auch intern Hilfe und Alternativen suchen.

Es ist enorm wichtig zu lernen, mit Niederlagen, Frust und Wut umzugehen, die heißen Emotionen abkühlen zu können, Rückschläge oder Missverständnisse nicht persönlich zu nehmen. Wichtig in diesem Zusammenhang sind neben Selbstmotivation und -management auch die kommunikativen Fähigkeiten: im Team zu wirken, zu moderieren und zu präsentieren. Bei meiner jetzigen Arbeit geht es noch stärker als am ifa darum, Menschen in Kontakt zu bringen, um Ergebnisse zu erzielen. Dabei helfen die so genannten Soft Skills.

Meine aktuelle Arbeitsstelle

Als Länderreferentin für Mittel-, Ost- und Südosteuropa und die GUS (Gemeinschaft Unabhängiger Staaten der ehemaligen Sowjetunion) an der TU München (TUM) befasse ich mich mit einer Vielzahl von Aufgaben, die zu dieser Region anfallen: Ich betreue und berate Austauschstudierende, die aus der Region an die TUM kommen, und deutsche Studierende, die in der Region einen Studienaufenthalt planen. Die Beratung bezieht sich vor allem auf Informationsquellen, Finanzierungen für Stipendien, die Partnerhochschulen der TUM und Ansprechpartner in den Fachbereichen. Da das Interesse an der Region bei unseren Studierenden bislang noch sehr gering ist, organisiere ich Infoveranstaltungen zum Studium im Ausland, speziell in »meiner« Region und führe sie durch. Ich beantrage Fördergelder für Austauschprojekte von Studierenden und Wissenschaftlern beim DAAD, verwalte die Gelder (Auszahlung, Abrechnung) und betreue das EU-Sokrates-Programm der TUM in den assoziierten EU-Ländern.

Für die Hochschulleitung und die Fakultäten bin ich Ansprechpartnerin, wenn es um Kooperationen mit Partnerhochschulen in der Region geht. Ich bin zuständig für den internen »Arbeitskreis Osteuropa«, der allgemeine Fragen der Zusammenarbeit mit Hochschulen in der Region diskutiert und Vorschläge ausarbeitet. Sehr wichtig ist auch die Kontaktpflege zu externen Institutionen mit ähnlichem Arbeitsgebiet, um Informationen auszutauschen und das Wissen gegenseitig zu nutzen. Ein Teil dieser Tätigkeit ist Hirnarbeit, d. h. Konzeption, Analyse, Strukturieren von Zusammenhängen, wie im letzten Job. Noch stärker bin ich nun aktiv als Kommunikatorin, z. B. bei der Netzwerkpflege, der Beratung, bei Präsentationen für Studierende oder in Veranstaltungen. Da brauche ich Präsenz, starken Bezug zu den Menschen, gute Rhetorik, Präsentationsfähigkeiten und Lust am »Auftritt«, damit der Funke überspringt. Das bringt mir viel Spaß. Der dritte Teil ist Verwaltung. Verwaltung ist ja fast ein Schimpfwort. Tatsächlich aber ist Verwaltung einfach notwendig, um Projekte durchzuführen und zu gestalten. Wenn ich nicht weiß, wie ich Geld für ein Projekt beantrage und darüber Rechenschaft abgebe, wie es ausgegeben wird, kann ich das Projekt nicht machen. Es ist sehr hilfreich, diese Prozesse zu akzeptieren und sich das Wissen darüber anzueignen.

Weiterbildungen sind regelmäßiger Arbeitsinhalt, obwohl die Zeit dafür eigentlich immer fehlt. Zusätzlich zu den lebensnotwendigen MS-Office-Programmen benutzen wir Access-Datenbanken, worin ich eine Schulung gemacht habe. Sehr nützlich war eine Fortbildung im Bundeshaushaltsrecht, d. h. in der Vergabe öffentlicher Mittel an Dritte und für die Nutzung und Abrechung öffentlicher Mittel für eigene Projekte. Absolut notwendig sind Seminare oder Tagungen zu Fachthemen wie Antragsstellung für bestimmte Förderprogramme des DAAD oder der EU. Mein nächstes Vorhaben ist ein Kurs zu Moderationstechniken.

Kinder und Karriere: work-life-balance

Ich hatte nie den Drang, eine Karriere zu machen, die darauf abzielt, so richtig viel Geld zu verdienen. Ich hätte mich sonst auch sicherlich nicht auf eine Stelle im öffentlichen Dienst eingelassen, wo die Besoldung nach

Lebensjahren steigt. Es ist mir aber durchaus wichtig, Verantwortung zu übernehmen und Dinge voranzutreiben. Karriere ist für mich die Entwicklung meiner Person und meiner Fertigkeiten: meine Talente einzubringen und dabei Erfolg zu haben. Ich gebe allerdings zu, dass ich nichts dagegen hätte, wenn sich mein Erfolg auch in Geld ausdrückt. Ich sehe allerdings auch, dass es ein Privileg sein kann, sich öffentlichen Aufgaben zu widmen, die nicht unbedingt direkten wirtschaftlichen Erfolg mit sich bringen müssen.

Meine Karriere ist bestimmt durch meine Tätigkeiten als Referentin und als »Familienarbeiterin« (Mutter). Direkt von der Uni als Referatsleiterin einzusteigen, war ein sehr guter Berufseinstieg. Nach eineinhalb Jahren bekam ich mein erstes Kind und war sechs Monate zu Hause. Ich stieg mit einer 20-Stunden-Woche im Jobsharing mit meiner Kollegin wieder ein. Als unser Sohn zwei war, sind wir nach München umgezogen. Ich war für diese Phase noch einmal in Erziehungsurlaub (heute »Elternzeit«) gegangen, um meine Stelle nicht zu kündigen, ohne berufliche Perspektive zu haben. So hatte ich Zeit, mich in der neuen Stadt zu orientieren. Nach zehn Monaten hatte ich dank Richard Bolles und Coaching (deren Nützlichkeit für die Stellensuche und Neuorientierung habe ich bereits beschrieben!) eine Stelle als wissenschaftliche Hilfskraft an der TU München gefunden, aus der drei Monate später die Stelle der Osteuropareferentin wurde. Es folgte ein zweites Kind und ein dreiviertel Jahr Elternzeit. Seitdem bin ich durchgehend 20 Stunden in der Woche an der TU, mittlerweile mit unbefristetem Vertrag. Es ist erstaunlich, was alles möglich ist mit ein bisschen Mut zur kreativen Lebensplanung. Beruf und Familie lassen sich verbinden, auch wenn es ein tägliches Ausbalancieren von Bedürfnissen und Pflichten ist, das Kraft und Nerven kostet. Das tägliche Management von Arbeit und Kindern, Haushalt, Freunden und Freundinnen, Freizeit ist anstrengend. Warum dann der ganze Stress? Meine Kinder geben meinem Leben eine neue Dimension, und meine Arbeit bringt mir Spaß, Geld und fachliche Anerkennung. Es gibt andere große Vorteile, von denen mein Arbeitgeber profitiert: Durch den engen Zeitrahmen arbeite ich sehr konzentriert und effizient und ich kann zu Hause gut abschalten.

Ich möchte nicht unterschlagen, dass es sehr schwer ist, eine Teilzeitstelle in qualifizierter und verantwortungsvoller Position zu finden. Ich habe mit Jobsharing sehr gute Erfahrungen gemacht. Das Büro im ifa lief unter zwei Chefinnen in Teilzeit, die sich ergänzten und austauschten, sehr gut. Doch meiner Erfahrung nach wird Jobsharing noch immer als utopisches Arbeitsmodell gehandelt. Ausschreibungen für qualifizierte Teilzeitstellen gibt es so gut wie keine. Zwar gibt es diese Teilzeitstellen, sie erscheinen aber nicht auf dem Markt, sondern werden direkt besetzt. Deshalb hilft in diesem Fall nur Bolles' offensive Kontaktstrategie, um eine Stelle zu finden oder sie sich selbst zu schaffen.

Meine Stelle an der TU München war nach dem klassischen Karrierebegriff ein Rückschritt gegenüber dem ifa. Ich blieb zwar bei meiner Gehaltsstufe, aber mein Verantwortungsbereich war kleiner. Dafür hatte ich Zeit, mich in die neuen Themengebiete einzuarbeiten, und konnte für die Familie das Mehr an Zeit und Kreativität gut gebrauchen. Mittlerweile habe ich wieder meine eigenen Projekte und großen Verantwortungsspielraum. Das ist für mich sehr wichtig, weil ich gern eigenständig Dinge bewege und in die Hand nehme. Darüber hinaus verfolge ich in meiner privaten Zeit verschiedene ehrenamtliche Projekte: Ich redigiere Texte für eine Zeitschrift, arbeite in freien Projekten mit und bin in einem Osteuropa-Verein aktiv. Das ist nach meiner Definition eine erfolgreiche Karriere. Ich könnte aber auch sagen: Ich bin ein glücklicher Mensch.

Gute Aussichten

Für die kommenden fünf Jahre habe ich einige Vorhaben: mehr Reisen in die Länder Mittel-, Ost- und Südosteuropas, Fremdsprachen beleben, Fähigkeiten in Projektmanagement, Kommunikation, Konfliktlösung immer weiter verfeinern, in der EDV fit bleiben, Augen offen halten. Konkrete Pläne für meinen weiteren Berufsweg habe ich nicht. Ich bleibe meinem intuitiven Modell wohl treu. Meine derzeitige Arbeit intensiviert sich, je länger ich in dem Bereich arbeite. Solange es so gut läuft und ich immer neue Felder entdecke, schmiede ich keine weiteren Pläne.

Ich bin mir sicher, dass ich mich in vielen anderen Berufsfeldern auch bewährt und meinen Platz gefunden hätte, z. B. eine gute Musiktherapeutin geworden wäre. Ich bin insofern nicht mit Haut und Haar Slawistin, vielleicht eher noch slawophile Projektmanagerin.

Dennoch ein kleiner Aufruf zur Slawistik: Die Slawistik ist wie jede andere Philologie ein guter Weg in die internationale Projektarbeit, ob im kulturellen, wirtschaftlichen oder politischen Bereich, ob im öffentlichen Dienst oder in der freien Wirtschaft. Lernen Sie die Region kennen, machen Sie sich auf den Weg und lassen Sie sich von der Kultur der einzelnen Länder zum Studium reizen. Knüpfen Sie Kontakte, sodass Sie die Sprache nicht »trocken« lernen. Freuen Sie sich an dem wunderbaren Klang der slawischen Sprachen, an ihrem Reichtum an Ausdrucksformen und an ihren außerordentlich reichhaltigen Literaturen. Werden Sie Spezialist und Spezialistin, indem Sie sich mit Wirtschaft, Politik und Geschichte der Länder vertraut machen.

Die neuen mittel- und südosteuropäischen EU-Länder haben jetzt Konjunktur und auch die GUS rückt an den Westen heran. Es braucht aber immer noch viele Menschen, die sich mit der Kultur und Sprache der Länder befassen, um Verständnis und Partnerschaft zwischen den Menschen zu schaffen. Um Bindungen zu schaffen und zu gestalten, die sich wirtschaftlich und kulturell für uns lohnen.

»Ins Gelingen verliebt« (Bloch)

Literaturübersetzen als Beruf(ung)

»El día en que lo iban a matar, Santiago Nasar se levantó las 5.30 de la mañana para esperar el buque en que llegaba el obispo« (»An dem Tag, an dem sie Santiago Nasar töten wollten, stand er um fünf Uhr dreißig morgens auf, um den Dampfer zu erwarten, mit dem der Bischof kam«) – mit diesem ersten Satz aus dem bekannten Roman *Chronik eines angekündigten Todes* des kolumbianischen Nobelpreisträgers Gabriel García Márquez fing alles an. Ich entdeckte eine neue Welt. Es war die große Zeit der lateinamerikanischen Literatur und das europäische Publikum nahm die Werke mit Erstaunen und Begeisterung auf. Autoren wie García Márquez, Carlos Fuentes, Vargas Llosa, Alejo Carpentier, Julio Cortázar und andere verblüfften die Leserschaft durch brillante, innovative Erzähltechniken, aber vor allem durch die Vermittlung völlig neuer Sichtweisen auf die Wirklichkeit. Besonders der *realismo mágico* als Gegenpol zum vernunftgesteuerten, an Fortschritt und zielgerichtetem Handeln orientierten Weltbild Europas begeisterte die Leser. Ich saß damals als Schülerin am Bonner Elly-Heuss-Knapp-Gymnasium im Leistungskurs Spanisch von Frau Dr. Doris Lessig, was so eigentlich gar nicht geplant war. Ich hatte im ersten Halbjahr der Jahrgangsstufe elf den Grundkurs Spanisch gewählt, um etwas Neues auszuprobieren, und mich in die Sprache verliebt. Wenn man weitermachen wollte, blieb nur der Leistungskurs, und das hieß ordentlich

Sabine Giersberg, Jahrgang 1964, studierte von 1983–1989 Spanisch und Portugiesisch am Fachbereich Angewandte Sprachwissenschaft der Johannes Gutenberg-Universität Mainz in Germersheim mit dem Abschluss der Diplomübersetzerin. Anschließend studierte sie Hispanistik, Lusitanistik und Komparatistik am Romanischen Seminar der Uni Mainz. Auslandsstudien führten sie nach Pamplona und Valencia. Sie arbeitete als Wissenschaftliche Mitarbeiterin am Romanischen Seminar und ist seit 1998 freiberufliche Literaturübersetzerin. Ihre Promotion steht kurz vor dem Abschluss.

»büffeln«, denn wir mussten uns in kürzester Zeit umfassende Sprachkenntnisse aneignen. Da war der erste Roman in der Fremdsprache schon
eine wirkliche Herausforderung. Alle schielten wir in die deutsche Übersetzung. Doch die engagierte Kursleiterin machte uns sehr schnell
deutlich, dass zwischen Übersetzung und Original im wahrsten Sinne des
Wortes Welten liegen können. Also kämpften wir uns durch das Original,
verbrachten Stunden mit Nachschlagen von Vokabeln im Lexikon. Aber
dafür wurde man mehr als entschädigt.

Dass ich nach dem Abitur Spanisch studieren würde, war keine Frage.
Nach eingehender Beratung bewarb ich mich am Fachbereich Angewandte Sprachwissenschaft der Johannes Gutenberg-Universität Mainz in Germersheim um einen Studienplatz für Spanisch und Portugiesisch. Portugiesisch deshalb, weil Spanien und Portugal gerade in die Europäische
Gemeinschaft (EG) aufgenommen wurden und man mit einem größeren
Bedarf an Übersetzern speziell für diese Sprachkombination rechnete.
Also zunächst war alles sehr pragmatisch gedacht. Mit den beiden Sprachen deckte ich geographisch die Iberische Halbinsel und Lateinamerika
ab, eine Stelle als Übersetzerin in der Industrie oder bei einer internationalen Organisation schien sicher. Aber es kam ganz anders. Je mehr ich
mich mit den Techniken des Übersetzens, Erstellen von Terminologien,
wirtschaftlichen und technischen Grundlagen beschäftigte, desto mehr
wurde mir klar, dass das nicht meine Welt war. Mit innerer Anteilnahme
folgte ich eigentlich nur den wenigen kulturwissenschaftlichen Lehrveranstaltungen und ich verbrachte die meiste Zeit mit Lesen. Inzwischen
wusste ich, dass mein eigentliches Interesse der Philologie galt. Immer
wieder warnende Stimmen:»Das ist doch brotlose Kunst«,»Mit dem Über-
setzer-Diplom hast du wenigstens was in der Hand«. Als ich mein Studium
beendet hatte, ging ich mit meiner Diplomarbeit über Carlos Fuentes und
den mexikanischen Revolutionsroman nach Mainz an das Romanische
Seminar zu Prof. Dr. Dr. h. c. Dieter Janik, einem Lateinamerikaspezialisten
der ersten Stunde, um bei ihm zu promovieren. Mehr als diese Arbeit
und meine Begeisterung für Literatur hatte ich nicht, um ihn davon zu
überzeugen, dass die Philologie mein Weg war. Ich wählte die Fächer
Hispanistik, Lusitanistik (Portugiesisch) und Allgemeine und Vergleichende Literaturwissenschaft und musste zunächst einige Scheine nach-
machen. Nebenher arbeitete ich als Übersetzerin für die Industrie. In den
Lehrveranstaltungen von Dieter Janik lernte man nicht nur unglaublich

viel über die verschiedensten Bereiche der spanischen und spanisch-amerikanischen Literatur, sondern vor allem eines: genaues Lesen. Studierende neigen oft dazu, sich auf die Sekundärliteratur zu stürzen, ohne den Text selbst wirklich wahrzunehmen. Er lenkte beharrlich immer wieder den Blick auf den Text zurück, mangelhafte Vorbereitung fiel sofort auf.

Von 1992–1997 war ich als wissenschaftliche Mitarbeiterin am Romanischen Seminar tätig und habe selbst Lehrveranstaltungen zur spanischen und spanischamerikanischen Literatur gehalten. Ich hatte mir schon immer die Frage gestellt, wie Texte bestimmte Wirkungen im Leser erzeugen. Als ich zum ersten Mal den Erzählband *So traurig wie sie* des uruguayischen Autors Juan Carlos Onetti las, war mein Dissertationsthema geboren: »Das ›Traurige‹ als ästhetische Wirkungskategorie: Die Erzählungen von Juan Carlos Onetti«. Dieter Janiks semiotisches Modell *(Literatursemiotik als Methode: Die Kommunikationsstruktur des Erzählwerks und der Zeichenwert literarischer Strukturen)*, das ich am Romanischen Seminar kennen gelernt hatte, bot das geeignete theoretische Instrumentarium. Während dieser Zeit wurde in der Cafeteria des Philosophicums auch das erste Übersetzungsprojekt geboren. Auf einer Tagung war ich auf den 1980 erstmals erschienenen vielschichtigen Roman *Respiración Artificial (Künstliche Atmung)* des argentinischen Schriftstellers Ricardo Piglia aufmerksam geworden, in dem dieser unter anderem ein fiktives Zusammentreffen zwischen Kafka und Hitler in einem Prager Café darstellt. Dieter Janik sagte beiläufig, eigentlich müsste man diese Passage übersetzen und an eine Kulturzeitschrift schicken. Dieser Gedanke ließ mich nicht mehr los und irgendwann in der vorlesungsfreien Zeit machte ich mich an die Arbeit. Ich tat mich schwer, an manchen Sätzen werkelte ich stundenlang herum und trotzdem waren meine Korrekturleser nicht zufrieden. Ich feilte und feilte, und am Ende hatte der Text die gewünschte Form. Ich schickte ihn an verschiedene Kulturzeitschriften, deren Herausgeber sehr angetan waren. Er erschien schließlich 1995 in *Lettre*. Aber die Hoffnung, es könnte sich ein Verleger für den ganzen Roman finden, zerschlug sich bald, »zu verkopft«, »so etwas verkauft sicht nicht« lauteten die Argumente. Ich war enttäuscht, weil ich wirklich begeistert von dem Buch war. Aber damals galt mein Interesse noch vornehmlich der Wissenschaft, und ich wollte die universitäre Laufbahn einschlagen.

Doch es kam anders. Die Stellen im universitären Bereich wurden immer knapper und ich musste mich nach einer Alternative umsehen.

Natürlich wollte ich unbedingt bei der Literatur bleiben und da kam mir das Glück zur Hilfe. Meinen ersten Auftrag als freiberufliche Literaturübersetzerin erhielt ich, weil eine andere Übersetzerin, die, selbst sehr an Ricardo Piglia interessiert, meine Übersetzung in *Lettre* gelesen hatte, mich – ohne mich persönlich zu kennen – dem Aufbau-Verlag empfahl, als ein Spanisch-Übersetzer kurzfristig abgesprungen war. Ich übersetzte mein erstes Buch, kurz darauf ein zweites, aber dann war erst mal Funkstille. Verzweifelt fragte ich mich, ob ich wieder in eine Sackgasse geraten war. Die Bertelsmann-Stiftung schrieb damals ein Seminar für Spanisch-Übersetzer am Literaturhaus in München aus. Ich bewarb mich und bekam einen der begehrten zwölf Plätze. Die Probeübersetzung, die Bestandteil der Bewerbung war, war recht schwierig, und ich hatte auch hier, ähnlich wie bei Piglia, die Erfahrung gemacht, dass man plötzlich das Gefühl für die eigene Sprache verliert und manche Sätze irgendwie »hölzern« klingen. Das hat natürlich sehr viel damit zu tun, dass es einem an Praxis mangelt und man sich am Original förmlich festbeißt.

Während des äußerst anregenden, anspruchsvollen Seminars in München kam der nächste Dämpfer. Gute Zeugnisse, erste Aufträge und der Stipendienplatz schienen doch für uns alle der Beweis für die eigene Befähigung zu sein, und freudig und ein wenig stolz versammelten wir uns im Seminarraum. Mit jedem Tag intensiver Textarbeit mit den erfahrenen Dozenten wurde sich jedoch ein jeder von uns mehr der eigenen Grenzen bewusst. Es war noch ein weiter Weg bis zum Ziel, und der bestand nur zum Teil aus erlernbarem Handwerk. Schaffe ich das? Aufgefangen wurden wir wohl alle durch die außergewöhnlich gute Stimmung in der Gruppe. Als wir uns zwei Jahre später beim Nachfolgeseminar erneut gegenübersaßen, hatten es einige von uns tatsächlich geschafft. Auch ich hatte in der Zwischenzeit über eine literarische Agentur neue Verlagskontakte knüpfen können. Das Piglia-Projekt geisterte immer noch in meinem Kopf herum. Als die Werke des Autors in Spanien wieder aufgelegt wurden, erwachte das Interesse der deutschen Verleger. Inzwischen hatte ich auch einen Lektor davon überzeugt, aber leider waren zu diesem Zeitpunkt die Rechte bereits vergeben. Er ermunterte mich, doch beim Wagenbach-Verlag anzurufen. Der zuständige Lektor teilte mir mit, ja, man habe die Rechte erworben, für die Übersetzung sei aber bereits jemand anderes vorgesehen. Ich könne ihm trotzdem eine Biographie mit Arbeitsproben und den Artikel aus *Lettre* zuschicken. Reine Höflichkeit, dachte ich, das wandert bestimmt in den Papierkorb. Als ich meine Enttäuschung überwunden hatte, schickte ich die Unterlagen mit einem Begleitschreiben an den Verlag. Dann hörte ich erstmal nichts. Ein paar Monate später bekam ich plötzlich von eben diesem Lektor eine Anfrage für eine Probeübersetzung: Héctor Abad: *Kulinarisches Traktat für traurige Frauen*. Dieses Buch war wie für mich geschaffen, ich übersetzte es fast wie in Trance. Die Übersetzung kam gut an und zwei Monate später vernahm ich am Telefon die lakonische Frage:»Bis wann können Sie den Piglia machen?«Ich fiel aus allen Wolken, war überglücklich. Aber sehr bald schlichen sich auch Zweifel ein. War ich für ein derart komplexes Werk wirklich schon gut genug? Bekanntlich wächst man mit seinen Aufgaben. Ich arbeitete unterstützt durch ein Stipendium des Freundeskreises zur Förderung literarischer und wissenschaftlicher Übersetzungen mehrere Monate lang in völliger Abgeschiedenheit. Die Blockaden waren weg und oft erlebte ich den Zustand, den Mihaly Csikzentmihalyi als *Flow* bezeichnet und umfänglich erforscht hat. Der Wurf gelang, mein Traum war Wirklichkeit geworden.

Der Einstieg ist schwierig. Wie in anderen Bereichen auch, wird immer nach Referenzen gefragt, und gerade die hat man als Anfängerin nicht. Man wird also erst einmal abgewiesen. Aus der Sicht der Lektoren ist das verständlich. Wenn sie einen Auftrag vergeben und nach Abgabe feststellen, dass die Übersetzung misslungen ist, weil beispielsweise der Ton überhaupt nicht getroffen wurde, ist das Projekt vorerst geplatzt. Deswegen wird in den meisten Fällen eine Probeübersetzung verlangt. Hat man es bis zu diesem Punkt geschafft, hat man gute Chancen. Deshalb der Tipp: Probeübersetzungen vor dem Versenden immer von einer neutralen Person gegenlesen lassen. Jemandem, der mit frischem Blick auf den Text schaut, fallen verunglückte Stellen sofort auf. Man muss die Lektoren durch Leistung überzeugen, sich langsam ein Netzwerk an Beziehungen aufbauen. Die meisten Aufträge bekommt man über»Mundpropaganda«, d. h., zufriedene Lektoren oder andere Übersetzer empfehlen einen weiter. Deswegen ist es sehr wichtig, Kontakt zu anderen Übersetzern, zu Literaturagenturen etc. aufzunehmen und zu pflegen. Sehr hilfreich war für mich der Verband der Übersetzer (VdÜ). Dort bekommt man viele Informationen, kann bei den Übersetzertreffen Kollegen kennen lernen, die»alten Hasen« um Rat fragen. Zudem gibt der Verband ein Übersetzerverzeichnis heraus, das an alle Verlage geht und auch online verfügbar ist.

In der Welt der Büchermenschen ist es nicht schwer, Gleichgesinnte zu finden, mit denen man über Literatur und vieles mehr reden kann. Der Kreis ist überschaubar, und man trifft sich auf Messen, Tagungen, Literaturveranstaltungen. Kurzfristige Angebote, für jemanden einzuspringen, können für Anfängerinnen und Anfänger zum Sprungbrett in die Verlagswelt werden. Das Zermürbendste in der Anfangszeit, und oft auch noch in späteren Jahren, ist das Warten auf Anfragen, Aufträge. Eine gute Möglichkeit, sich ins Gespräch zu bringen, ist das Verfassen von Gutachten, in denen man ein Buch kritisch unter die Lupe nimmt und abschließend empfiehlt oder ablehnt. Auf diese Weise kann man seine literarische und sprachliche Kompetenz unter Beweis stellen und sich unter Umständen einen Auftrag sichern. Wer allerdings wider besseres Wissen ein Buch gut bespricht, um an einen Auftrag zu kommen, manövriert sich ins Aus. Der Lektor, der oft keine oder nur wenige Kenntnisse in der betreffenden Sprache hat, muss sich auf das Urteil verlassen können. Dasselbe gilt auch, wenn man nach langem Warten endlich etwas angeboten bekommt und merkt, das Buch liegt mir nicht. Auch wenn es schwer fällt: ablehnen. Sonst erweist man sich und dem Verlag einen Bärendienst.

Auch wenn man größtenteils allein arbeitet, spielen die so genannten Soft Skills eine große Rolle. Um einen in Papierbergen versinkenden Lektor für sich oder für ein Projekt zu gewinnen, braucht man ein gewisses rhetorisches Geschick, Beharrungsvermögen und Feingefühl. Ideen sind immer willkommen, aber niemand wird gerne bedrängt. Kommt es zu einer Zusammenarbeit, sind zwei Dinge entscheidend: Verlässlichkeit und Kommunikationsbereitschaft. Nach pünktlichem Eingang der sorgfältig vorgenommenen Übersetzung wird der Lektor diese im Idealfall ebenso sorgfältig redigieren, dem Übersetzer seine Korrekturvorschläge zusenden und sie mit ihm besprechen. Nicht selten geschieht das unter großem Zeitdruck, sodass man auch mal am Abend oder am Wochenende telefoniert und diskutiert. Aber wenn die Teamarbeit funktioniert, steht am Ende die Freude an der optimalen Lösung. Auch bei Lesungen oder Tagungen ist es von Vorteil, wenn man kommunikativ ist und den Autor oder die Autorin entsprechend präsentieren kann. Natürlich können bei der Zusammenarbeit mit dem Verlag immer wieder Probleme auftreten, und da muss man einen Modus finden, die eigene Position zu vertreten, ohne den »Kunden« zu vergraulen. Ein kritischer Punkt sind stets die Modalitäten des Vertrages. Anfängerinnen und Anfänger haben hier wenig

Spielraum, später kann man durchaus verhandeln oder sich von einer Agentur vertreten lassen (z. B. Brovot & Klöss). Was das Studium angeht, so kann ich nur den Tipp geben, ein möglichst breit gefächertes Angebot an Seminaren und Vorlesungen zu nutzen. Ich habe viele Veranstaltungen als Gasthörerin besucht. Man bekommt einen Blick für ästhetische Strukturen und eine umfassende literarische Bildung, was mir später beim Gutachtenschreiben und Übersetzen, insbesondere beim Erkennen von literarischen Anspielungen, enorm geholfen hat.

Unerlässlich sind in unserem Metier die Auslandsaufenthalte, man lernt die Gegebenheiten vor Ort kennen, aber vor allem bekommt man ein Ohr für die Varietäten der Sprache, die ja im Spanischen recht zahlreich sind. Natürlich können wir mittlerweile auf entsprechende Lexika zurückgreifen, aber diese können niemals alle Nuancen erfassen. Hilfreich ist hier auch der Kontakt zu Muttersprachlern, die einem Hintergründe oder Bedeutungsnuancen erläutern können. Beim Portugiesischen verhält es sich nicht viel anders: Es gibt grundlegende sprachliche und kulturelle Unterschiede zwischen Portugal und Brasilien oder den Kapverdischen Inseln. Will man einen Text übersetzen, muss man sich erst einmal mit dem Kulturraum vertraut machen. Das heißt, man muss sich ständig weiterbilden, »Neuland« entdecken.

Eine Übersetzung ist stets eine Interpretation. Eine philologische Ausbildung schärft den Blick, andere Kulturen in ihrer Eigentümlichkeit wahrzunehmen und ihnen beim Lesen und Übersetzen nicht einfach die eigenen, europäisch geprägten Vorstellungen von der Wirklichkeit und vom »anderen« überzustülpen. Nur wenn man sich ganz auf die Werke einlässt, kann die ästhetische Erfahrung auf das Bewusstsein einwirken und die Wahrnehmung der eigenen Wirklichkeit verändern. Diese Vermittlung zwischen den Kulturen ist eine der großen Aufgaben der Philologie.

Genauso wichtig wie die fremdsprachliche ist die muttersprachliche Kompetenz, die man gerade in der Anfangszeit allzu gern vernachlässigt. Die Bedeutung wird einem dann bewusst, wenn man wieder einmal händeringend nach einem passenden Wort oder Satz sucht, um das auszudrücken, was man vor seinem geistigen Auge hat. Da hilft nur eins: auch hier auf Entdeckungsreise gehen, deutsche Literatur lesen, vornehmlich auch ältere, und die vielfältigen Möglichkeiten der deutschen Sprache erkunden. Einen Originaltext in allen Nuancen zu erfassen, ist noch lange keine Garantie für eine gelungene Übertragung. Das ist

eine schmerzliche Erfahrung, die man bei seinen ersten Übersetzungs-
versuchen macht. Jeder Text hat eine bestimmte Tonlage, und die muss man treffen. Man
gibt ihm eine neue Stimme. Bei anspruchsvollen Texten ist es oft schwierig, alle ästhetischen Wirkungsqualitäten rüberzubringen. Sie zu erfassen
und in der eigenen Sprache wiederzugeben setzt eine große Sensibilität
für Bedeutungsnuancen und Sprachrhythmen voraus. Diese zu entwickeln
ist ein langer, nie abgeschlossener Prozess. Manchmal feilt man stundenlang an einem einzigen Satz, manchmal stellt sich aber auch der bereits
erwähnte *Flow* ein, bei dem sich die Strukturen der einen Sprache quasi
wie von selbst in die andere übertragen und man völlig in der Textwelt
versinkt. Auch wenn man sich immer wieder fragen sollte, ob der gerade
geschriebene Satz es »schafft«, ist es wichtig, dass der Sprachfluss natürlich bleibt. Ich übersetze deswegen gern auch einmal gehobene Unterhal-
tungsliteratur, weil man dabei andere Techniken anwendet und zu einer
gewissen Leichtigkeit zurückfindet, andere Übersetzerinnen und Übersetzer lehnen das grundsätzlich ab.

Die Aufgabe des Übersetzers ist es, das Original adäquat wiederzugeben. Wie nah er am Ausgangstext bleibt oder ob er sich hin und
wieder entfernt, ist im Einzelfall eine Ermessensfrage. Die Verantwortung
ist groß. Übersetzt man zum Beispiel einen jungen, gänzlich unbekannten
Autor, muss die Aufmerksamkeit des Publikums und der Kritik erst einmal geweckt werden. Neuerscheinungen gibt es viele. Der Leser und
Rezensent muss das Neue, Eigene der Stimme wahrnehmen. Gelingt einem
das nicht oder nur zum Teil, ist der Autor erst einmal »tot«, denn die
Verlage veröffentlichen weitere Werke nur, wenn es auch potenzielle
Leser gibt.

Die Abschlussnote mag in der Industrie und bei der Bewerbung für
Stipendien wichtig sein, und in meinem Fall waren Inhalt und Note der
Diplomarbeit entscheidend für das Promotionsvorhaben. In der Verlagswelt
hat all das wenig Bedeutung, im Gegenteil, akademisches Auftreten ist
dort nicht gefragt. Die Promotion mag vielleicht hilfreich sein, wenn es
um eine kritische Werkausgabe geht oder eine Moderation. Aber letztlich
zählt nur die Qualität des Textes, den man abliefert, ganz gleich ob man
Literaturübersetzen studiert hat (möglich an der Heinrich-Heine-Univer-
sität Düsseldorf) oder – wie viele meiner Kollegen – auf Umwegen zum
Übersetzen gekommen ist.

Ich habe Romanische Philologie studiert, weil ich mit Texten arbeiten wollte und in der Kulturvermittlung eine sinnvolle Tätigkeit sehe. Ich betrachte es als Privileg, dass mir dies möglich ist. Natürlich hatte auch ich während des Studiums und am Beginn meiner Laufbahn als Literaturübersetzerin mit der oft beschworenen Perspektivlosigkeit zu kämpfen. Aber mein Weg und der vieler anderer zeigt, dass bei entsprechendem Engagement immer was geht.

Ein Projekt wie die *Künstliche Atmung* ist ein seltener Glücksfall. Es folgten andere Texte, die vielleicht nicht so spektakulär, aber deshalb nicht weniger faszinierend waren. Heute besteht mein Alltag aus Übersetzen, Redigieren, Lesen, Gutachten schreiben. Das heißt, ich verbringe die Tage im Wesentlichen allein am Schreibtisch. Das Telefon klingelt eher selten. Wie Rilke schreibt:»Was not tut, ist doch nur dieses: Einsamkeit, große innere Einsamkeit. In-sich-Gehen und stundenlang niemandem begegnen, – das muss man erreichen können« *(Briefe an einen jungen Dichter).* Disziplin und Beharrlichkeit sind gefragt. Dessen muss man sich bewusst sein. Finanziell sind keine großen Sprünge drin, auch wenn man hin und wieder eines der begehrten Stipendien ergattern kann. (In der Presse wurde ja umfänglich über die laufende Diskussion über angemessene Vergütung berichtet.) Das Geld reicht nicht immer, und manchmal verdiene ich mir durch das Übersetzen von Urkunden oder leichte Bürotätigkeiten etwas hinzu. Aber dafür kann ich meinen Tag frei einteilen, kreativ sein. Welcher Beruf bietet einem das schon? Man taucht immer wieder in neue Welten ein, erkundet neue (Fach-)Gebiete, sei es, dass man durch ein virtuelles Museum auf der Suche nach einem im Text erwähnten Bild streift oder dass man sich plötzlich mit dem Problem konfrontiert sieht, ein technisches Gerät präzise beschreiben zu müssen. Dazu muss man wissen, wie so ein Ding aussieht und funktioniert. Also rein ins Internet, im Notfall eine Anfrage ins Übersetzerforum stellen, wo ein Kollege/eine Kollegin vielleicht jemanden kennt, der wiederum jemanden kennt, der einem weiterhelfen kann. Oder direkt beim Fachmann anrufen, was nicht selten freudiges Erstaunen auslöst. All das ist zeitraubend, ja, aber auch durchaus spannend. Oft muss man lange feilen, bis ein Satz wirklich das Gewünschte transportiert. Aber wenn man das fertige Werk dann gebunden in den Händen hält, gilt der Ausspruch frei nach Albert Camus, der als Motto auf der Homepage des Übersetzerverbandes (www.literaturuebersetzer.de) steht:»Man muss sich die Übersetzer als glückliche Menschen vorstellen.«

Der krumme Weg zum Glück im Job, oder: only connect ...

Wissenschaftliche Mitarbeiterin in einem Forschungsinstitut

Edith Bellaire, Jahrgang 1943, verheiratet, zwei Töchter, studierte an den Pädagogischen Hochschulen in Aachen und Saarbrücken Pädagogik. Sie schloss mit der 1. Lehramtsprüfung ab. An der Technischen Universität Berlin studierte sie von 1974 bis 1982 Anglistik und Erziehungswissenschaften mit Magisterabschluss. Sie übersetzte englische Texte, war in einem Archiv tätig und arbeitete als Bildungsreferentin. Seit 1995 ist sie beim Bundesinstitut für Berufsbildung beschäftigt, zuerst in der Pressestelle und derzeit als wissenschaftliche Mitarbeiterin.

Abitur – Pädagogikstudium – berufliche Orientierung

Eine sinnvolle Arbeit zu finden, die zudem Freude macht, wer möchte das nicht; und zunächst sah es so aus, als ob ich das angestrebte Ziel sehr schnell erreichen würde. Nach dem Abitur mit 18 schien zur Zeit der Bildungsexpansion und des Lehrermangels der 60er Jahre der Weg zur Pädagogischen Hochschule deutlich vorgezeichnet. Es folgten drei kurze Jahre eines Studiums, das in seiner Vielseitigkeit (eine »Volksschullehrerin« musste vielseitig sein) spannend, anregend und auch begeisternd war.

Der anschließende Einstieg in die Praxis einer dritten, einer sechsten und einer achten Volksschulklasse gelang, aber die Aussicht auf »lebenslänglich« empfand ich mit 21 Jahren eher bedrohlich als beglückend. Also empfahl sich eine zeitweilige Unterbrechung, die sich allerdings im weiteren Verlauf meines Lebens als zwar ungeplante, aber endgültige Abkehr vom Beruf der Schullehrerin erweisen sollte.

Auslandsaufenthalte in England und Frankreich mit Tätigkeiten von Au pair über Catering bis zu Übersetzungen veränderten meinen Blick auf die eigene Identität, machten Lust auf das Denken in anderen Sprachen, weckten Vergnügen am Wechsel von der fremden in die eigene Sprache und zurück, am Vergleichen von Strukturen und am Aufspüren von Gemeinsamkeiten und Differenzen. Der somit unaufhaltsam scheinende Durchstieg in z. b. eine Übersetzer- und Dolmetscherkarriere oder ein klassisches Philologiestudium oder in eine Ausbildung zur Fremdsprachenkorrespondentin oder Ähnliches fand dann allerdings nicht statt.

Stattdessen wurde geheiratet, das familiale Nest gebaut, zwei Töchter kamen zur Welt, wir zogen um, Arbeit und Karriere des Mannes waren wichtig. Das ganze »Unternehmen Familie« folgte zunächst dem klassischen Modell der Geschlechtertrennung, das in dieser Phase durchaus seine Vorzüge hatte, weil es für alle Beteiligten Freiräume und neue Entwicklungsmöglichkeiten auf jeweils neuem Terrain bereithielt.

Abendkurse in Deutsch und Landeskunde für in Deutschland stationierte US-Amerikaner und ihre Frauen waren für mich willkommene, kurze Ausflüge in die Welt der Beruflichkeit und sorgten dafür, dass das Denken in pädagogisch-didaktischen Kategorien und die Kommunikation mit fremdsprachigen Menschen nicht abbrachen.

Familie und Anglistikstudium

Mit einem erneuten Umzug, diesmal nach Berlin und damit in die bunte, politikbewegte Welt der 70er Jahre, begann das »zweite Leben«, nämlich die Immatrikulation an der Technischen Universität (TU) Berlin in den Fächern Anglistik und Erziehungswissenschaft. Die Technische Universität empfahl sich nicht nur wegen der räumlichen Nähe zum eigenen Wohnort, sondern auch als Geheimtipp, da an der Freien Universität, wo man gemeinhin die Geisteswissenschaften anzusiedeln pflegt, Riesenvorlesungen und ebensolche Seminare abgehalten wurden. An der TU war das zahlenmäßige Verhältnis von Lehrenden und Studenten in diesen Fächern erheblich günstiger und damit der Kontakt untereinander sehr persönlich. Die Fächerkombination schien logisch, weil sie einerseits handfest Vorhandenes – die Pädagogik – ausbaute, andererseits anglophile Neigungen zu befriedigen versprach. Der Magisterabschluss und was damit eventuell zu bewerkstelligen sei lag in weiter Ferne, war nebulös und auch gar nicht so wichtig.

Wichtig schienen vielmehr die fachliche Horizonterweiterung und der (politische) Diskurs im Rahmen von Seminaren, Arbeitsgruppen, Tutorien etc. Das Fach Erziehungswissenschaft zeichnete sich durch ein breites Themenspektrum aus, das von der Berufs- und Wirtschaftspädagogik zur Bildungsökonomie, von der Sozialisationsforschung zur Frauen-(berufs)forschung und über die Gesellschaftswissenschaften bis zur Statistik reichte, wobei die blauen Bände des Marx'schen »Kapitals« nicht fehlen durften. Logischerweise folgten Seminaren zur Humanisierung der Schule solche zur Humanisierung der Arbeitswelt; denn alles hatte mit allem zu tun. Mein Interesse war riesengroß und orientierte sich nicht an den vorgeschriebenen Semesterwochenstunden eines von der Studienordnung diktierten Curriculums. Die Vielfalt machte den Reiz aus, die Diskussion in den sich am Rand der Seminare bildenden Arbeitsgruppen, in denen dann am Abend gemeinsam gekocht, geschwatzt und natürlich für das fällige Seminar- oder Thesenpapier gearbeitet wurde.

Auch in der Anglistik und insbesondere in der Literaturwissenschaft wird in Zusammenhängen gedacht: Wie passen Form und Inhalt eines literarischen Werks zusammen, wie ergänzen und verstärken sie sich gegenseitig, wie agieren die Figuren im Roman, auf der Bühne und warum verhalten sie sich so, wie sie es tun? Und wie fügt sich ein literarisches Werk in den Gesamtzusammenhang der (Literatur-)Geschichte, worauf bezieht es sich, wie beeinflusst es die Folgeliteratur, wie verändert sich das »pattern« der Weltliteratur, der Welt überhaupt, durch die dichterische Imagination und das literarische Konzept eines Werkes? Außer der Freude und dem Spaß, die die Beschäftigung mit Literatur verschaffte, war es die nützliche Erkenntnis, dass es immer mehr als nur eine Sichtweise der Welt oder eine Problemlösung gibt, da die Wahrheit vielfältig ist und des wachen Blicks der (Literatur-)Wissenschaftler bedarf. Nietzsches »fröhliche Wissenschaft« lässt grüßen.

Die Teilnahme an Exkursionen lieferte den plastischen, landeskundlichen Hintergrund, auf dem die Theorie der Seminare zur »Industrial Revolution« (Manchester), zu »Romantic Poetry and Prose« (Lake District) und zum experimentellen Theater Amerikas (New York) konkretes Leben eingehaucht bekam. Aus den neu entstehenden sozialen Kontakten ergaben sich neue Interessengemeinschaften in Form einer Art von Literaturgruppe, die sich in den Semesterferien traf, um in kleiner Runde gemeinsam den für Anglistikstudenten und -studentinnen empfohlenen

Literaturkanon abzuarbeiten. Jeweils reihum hatte eine oder einer die Verantwortung für das gemeinsam zur Diskussion ausgewählte Werk, d. h., immer war eine oder einer in der Lage, Hintergrund- und Zusatzinformationen zu liefern zu dem, was den andern als zunächst nur naiven Lesern unklar geblieben war.

Die Magisterarbeit über ein Thema mit zugegeben sehr geringem »Praxisbezug« (was immer das sein mag) war der schönste, weil intensivste und am wenigsten dem Zufall der Tagesform von Prüfern und Prüfsituation unterworfene Teil der gesamten Examensprozedur. Es lag an mir und nur an mir, an meinem Interesse und an meinem persönlichen Einsatz, ob diese Arbeit die Substanz und Aussagekraft haben würde, die ich mir wünschte und die das Thema verdiente. Es gab Startschwierigkeiten, natürlich, und auch zwischendurch gelegentliche Ratlosigkeit angesichts der vielen »loose ends«, die sich nicht zu einem Sinnkontinuum verbinden wollten, aber die immer neuen Horizonte, die sich über Primär-, Sekundär- und sonstige das Thema erhellende Literatur erschlossen, waren atemberaubend. Zum Schluss, am Abgabetag, hatte ich das Gefühl, dass ich annähernd alles untergebracht hatte, was mir zum Thema zu sagen wichtig schien, und das erfüllte mich mit großer Genugtuung, die mich auch eine eventuelle (unerwartet) schlechte Beurteilung durch die Fachprüfer gelassen hätte ertragen lassen. Ich hatte mein Bestes gegeben, und ich hatte viel dabei gelernt. Hier liegt der eigentliche »Gewinn«, der praktische Nährwert für die spätere, auch berufliche, Zukunft: die Erfahrung des Durchhaltenkönnens und das Vertrauen in das eigene Arbeitsvermögen.

Dieses Kapitel kann nicht schließen, ohne auf die spezifischen, teilweise erschwerenden Umstände einzugehen, unter denen dieses Studium – familienbegleitend – stattfand. Immerhin waren zwei kleine Kinder und ein Haushalt zu versorgen, der Mann war tagsüber beruflich unterwegs, also nicht präsent, keine gütige Großmutter vor Ort einsatzbereit. Mancher Tag war eine logistische Meisterleistung, wenn die Ansprüche von Kinderladen, Grundschule, Uni auf einen, allen gerecht werdenden Nenner gebracht werden mussten. Ja, auch die Hausaufgaben mussten betreut, zumindest einer leichten Kontrolle unterzogen werden, nur so scheint unser Schulsystem zu funktionieren, immer noch. Ohne den Partner, der das alles unterstützt und mitträgt, der nach Feierabend die abendliche »Kinderrunde« übernimmt, während sich die Frau zu Studienzwecken aus dem Haushalt entfernt, ist ein solches Unternehmen kaum vorstellbar. Der gemeinsame Strang, an dem gezogen wird, ist und entwickelt zugleich die gemeinsame Stärke.

Gleichzeitig ist nicht zu übersehen, dass dieser ständige Wechsel zwischen reproduktionsnaher, konkreter, emotional eingebetteter Familienarbeit einerseits und außerhäusigem, intellektuell anregendem und soziale Kontakte erschließendem Studium andererseits außerordentlich ergiebig und fruchtbar war – für beide Seiten. Es lohnt sich, und dies möge allen Frauen in ähnlicher Situation Mut machen, diesen Spagat zwischen öffentlicher und privater Sphäre zu probieren, alle Beteiligten haben davon profitiert.

Die Suche nach dem passenden Arbeitsplatz

Und nun begann die auch damals schon schwierige Suche nach einem Arbeitsplatz. Meine Fächerkombination sowie bestehende Kontakte im universitären Umfeld brachten den Zugang zu Lehraufträgen im Bereich der Ausbildung künftiger Englischlehrer. Das war interessant, gut für den Lebenslauf, aber, man weiß das, wenig lukrativ. Es folgte die Mitarbeit an einem Projekt zur Frauenberufsforschung, aus dem sich wiederum Arbeiten zur »Flexibilisierung der Arbeitszeit«, feministisch fokussiert, ergaben. Dieses Thema hatte damals Neuigkeitswert, und die Literaturrecherche bewegte sich hauptsächlich im englischen bzw. amerikanischen Sprachraum, was die Nützlichkeit von englischen Sprachkenntnissen bewies.

Es gab dies und das zu tun, kleine Übersetzungen, Redigieren von Examens- und Doktorarbeiten, Rezensionen, Tagungsberichte etc., alles gut und schön, aber bruchstückhaft, ohne echte Kontinuität und ohne das Gefühl eines spezifischen Kompetenzzuwachses, der eben nur durch länger andauernde Beschäftigung mit und an einer Sache gewonnen werden kann.

Dann endlich kam das große Los in Form einer zweijährigen Arbeitsbeschaffungsmaßnahme-(ABM-)Stelle im neu zu ordnenden Archiv eines sozialpädagogischen Fachverbandes. Ich war jetzt »Historikerin«, eignete mir flugs das notwendige bibliothekarische Grundwissen an und hatte nun meine zweite ordentlich bezahlte Stelle mit Versicherungs- und

Rentenanspruch. Ich deutete ABM um in: Alles Bringt Mehr, nämlich mehr an Fachkenntnissen, an beruflicher Erfahrung, an Kontakten, an Menschenkenntnis.

Nach der Chance zur Einarbeitung in die historischen und ideengeschichtlichen Hintergründe dieser Institution bot sich hier, ganz im eigentlich intendierten Sinne von ABM, die Gelegenheit zu einer Weiterbeschäftigung an. Als Bildungsreferentin war ich nun zuständig für die inhaltliche Planung und organisatorische Durchführung von Tagungen und Kongressen für die spezifische Klientel des Verbandes, wobei die Verbindung von fachlichem Know-how und organisatorischem Zupackenkönnen wichtig war und auch ihren besonderen Reiz hatte. Die sich jeweils anschließende Erstellung der Tagungsdokumentation erforderte Fachwissen und sprachliches Gespür und entwickelte den Blick für die Formen und Möglichkeiten von gestalterischem Layout. Die Zusammenarbeit mit Autorinnen und Autoren, mit Verlagen und Druckereien eröffnete dabei neue Lern- und Erfahrungsfelder, die sich auch für den späteren beruflichen Werdegang als nützlich erweisen sollten. Fast hätte es auch noch mit der Übersetzung des umfangreichen Buches einer amerikanischen Autorin – sie hatte in »meinem« Archiv recherchiert – zur Geschichte der Frauenbewegung in Deutschland geklappt ...

Diese Phase der Berufstätigkeit könnte als permanente Fort- und Weiterbildung bezeichnet werden, da die vielen kleinen und größeren Projekte, die Aufgabenstellungen und Anforderungen, die Gespräche und Begegnungen und die Dienstreisen in bekannte und unbekannte Orte eine Quelle ständiger beruflicher und menschlicher Herausforderungen war: Nicht nur der fachliche Horizont erweiterte sich auf allen Ebenen, sondern auch und vor allem erfuhren die so genannten Soft Skills ihre professionelle Weiterentwicklung; denn nur in Teamarbeit und in kompetenter Kommunikation mit allen Akteuren eines Unternehmens, mit kreativen Lösungen für plötzlich auftretende (auch »nur« organisatorische) Probleme, mit Gespür für die Besonderheit einer Situation und mit menschenfreundlicher Hin- und Zuwendung (ein angeblich ohnehin vorhandener Teil des spezifisch weiblichen Arbeitsvermögens) konnten die intendierten Ziele einer Konferenz, eines Vorhabens, eines Projekts erreicht werden.

Forschung und Forschungsplanung
im Bundesinstitut für Berufsbildung

Mit Selbstbewusstsein und hochmotiviert ging ich dann in die Bewerbungsgespräche beim Bundesinstitut für Berufsbildung (BIBB), damals noch in Berlin ansässig. Die Pressestelle (PR) suchte eine Sachbearbeiterin. Die Bezahlung nach BAT (Bundesangestelltentarif) entsprach zwar nicht ganz meiner akademischen Qualifikation, aber die beschriebenen Aufgaben waren reizvoll und versprachen einen weiten, auch selbstständigen Aktionsradius. Außerdem lag der Gedanke nahe, dass sich in einer so großen Institution, zumal einem Forschungsinstitut, demnächst weitere anspruchsvolle Aufgaben auftun würden. Es ging jetzt um den sprichwörtlichen »Fuß in der Tür«.

Wie erwartet war die Arbeit in der Pressestelle interessant, erforderte schnelle Reaktionen und Entscheidungen und vermittelte in kürzester Zeit Einblick in Struktur und Inhalte eines Instituts, das sich der Modernisierung der beruflichen Bildung und damit der Gestaltung von Zukunftsaufgaben verschrieben hat. Da die zielgruppengerechte Aufbereitung und Verbreitung der Arbeits- und Forschungsergebnisse des Hauses zu den Aufgaben von PR gehörte, war hier der geeignete Ort, um die Vielfalt dessen kennen zu lernen, was »berufliche Bildung« ausmacht, was im BIBB dazu gedacht, geforscht, entwickelt wurde und wer dies tat, wer die dazugehörigen Menschen waren.

Der Nutzen des so breit angelegten erziehungswissenschaftlichen Studiums an der TU Berlin zeigte sich, denn nichts erschien so richtig fremd, alles rührte an inzwischen zwar leicht verschüttetes, weil nicht abgerufenes, dennoch latent immer vorhandenes Wissen und an Kenntnisse, die jetzt wieder auftauchten. Es gab Aha-Erlebnisse ohne Ende, und wo sich die Zusammenhänge nicht sofort erschließen wollten, gab es kollegiale Unterstützung durch das gesamte PR-Team. Meine Fremdsprachenkenntnisse empfahlen mich für die telefonische und schriftliche Kommunikation mit Anfragern aus dem Ausland und auch für die gelegentliche Betreuung von ausländischen Besuchergruppen.

Schließlich bot sich auch die erwartete Chance zur Arbeit in verschiedenen Forschungsprojekten; unter anderem auch im internationalen Kontext, was mit mehreren Dienstreisen in die USA verbunden war.

Mit dem Umzug der Bundesregierung nach Berlin wurde im Gegenzug das BIBB als kompensatorische Maßnahme nach Bonn verlegt, was für mich (und später auch für meinen Mann) den Abschied von Berlin bedeutete: Arbeitnehmer gehen dorthin, wo die Arbeit ist. Durch die nun notwendige Umstrukturierung des Instituts und die Fluktuation von zahlreichen Mitarbeitern und Mitarbeiterinnen eröffneten sich neue Chancen und neue Aufgabenbereiche. Hatte meine Tätigkeit in der Pressestelle mir einen ersten Einblick und Überblick und damit die Außenperspektive in die BIBB-Arbeiten zum Phänomen »berufliche Bildung« verschafft, so erhielt ich jetzt Gelegenheit zum Einstieg in die Forschungsplanung, die Meta-Ebene sozusagen, und damit erneut in einen Bereich, wo es um den Überblick, um Zusammenhänge im synoptischen Sinne geht: Inwiefern fügt sich jedes einzelne Forschungsprojekt, das im Hause erdacht und entwickelt wird, in das Gesamtgefüge des BIBB-Forschungsprogramms, wie trägt es bei zur Weiterentwicklung der beruflichen Bildung, verstanden als Instrument zur humanen Entwicklung der Gesellschaft in Zeiten rapiden Wandels: berufliche Bildung als lebensnahe Wissenschaft vom Menschen. Forschungsplanung im BIBB bedeutet dann konkret, in enger Kooperation und im wissenschaftlichen Dialog mit den Kollegen und Kolleginnen des Instituts das »Mittelfristige Forschungsprogramm« jährlich fortzuschreiben und den Werdegang einzelner Forschungsprojekte von der Antragstellung über die Beratung in den Ausschüssen bis zum Abschlussbericht kritisch zu begleiten.

Außerdem redigiere ich unseren englischsprachigen Nachrichtendienst, der die Diskussion mit dem Ausland in Fragen der beruflichen Bildung in Gang setzen und vertiefen soll. Denn das Motto des von uns allen bewohnten »global village« lautet bekanntermaßen: »to know each other – to learn from each other«.

Somit fühle ich mich nun am Ziel meiner beruflichen Wünsche, ohne schon an ihrem Ende zu sein. Irgendwann, wenn ich über mehr freie Zeit verfüge als momentan, werde ich das Projekt »Dissertation« wieder in Angriff nehmen, das ich nach Abschluss des Studiums zwar begonnen, aber immer wieder zurückgestellt hatte, wenn sich die Chance auf Beschäftigung bot, die dann ganzen Einsatz erforderte. Das ursprüngliche Thema der Arbeit ist mir mittlerweile in seiner zwingenden Logik nicht mehr so präsent wie einst, aber auf jeden Fall wird es um Zusammenhänge gehen, um den Zusammenhang von Literatur (die englische Literaturgruppe aus

Studienzeiten trifft sich immer noch regelmäßig) und Bildung, vielleicht beruflicher Bildung.

Fazit

Es gibt viele Wege zum Glück im Beruf, gerade und krumme. Der gerade Weg der Anglisten führt in die Schule, wo sie/Sie dringend gebraucht werden, oder in die Hochschule, wo Assistenten- und Professorenstellen rar sind. Der eher unbestimmte, krumme Weg führt zu Weggabelungen und zu Nischen, deren Potenzial erkannt und genutzt werden muss: Neugier hilft. Je breiter Ihr Wissen, Ihre Kenntnisse, Ihre Interessen sind, desto eher werden Sie diese Nischen und die damit verbundenen Möglichkeiten und Chancen erkennen und zu nutzen wissen. Fahren Sie mehrgleisig, wählen Sie eine Fächerkombination, die Ihnen Spielräume schafft, legen Sie Optionen an, sorgen Sie für »crossroads«, die Ihnen Entscheidungen offen halten.

Und: Studieren Sie das, was Ihnen am meisten Lustgewinn verspricht; denn nur was Sie gerne tun, werden Sie auch gut und somit erfolgreich tun.

DANIELA WINDISCH

»Nicht zu bekommen, was man will, ist manchmal ein großer Glücksfall.«

Dalai Lama

Personalreferentin

Wenn ich heute auf die Anfänge meines Studiums zurückschaue, so bin ich immer wieder verblüfft darüber, was aus mir geworden ist. Nie hätte ich mir träumen lassen, dass ich einmal im Personalbereich arbeiten würde. Ich habe gelernt, dass das Leben nie geradlinig verläuft, auch wenn alles noch so gut vorbereitet ist. Und oftmals sind es gerade die unvorhergesehenen Ereignisse, die Nischen, die man entdeckt, die viel spannender sind als das geplante Ziel. Ich habe viel ausprobiert, habe versucht herauszufinden, was zu mir passt. Und das ist dabei herausgekommen:

Nach meinem Abitur 1992 gab es für mich drei Möglichkeiten: Ich wollte entweder etwas Kreatives oder etwas Soziales oder aber etwas, das mit Sprache zu tun hat studieren. Ich entschied mich zunächst für das Kreative und arbeitete ein Jahr lang in einem Grafikbüro. Während dieser Zeit erstellte ich eine Bewerbungsmappe, machte den Aufnahmetest für ein Grafik-Design-Studium, musste jedoch trotz allem eine lange Wartezeit bis zum Studienbeginn in Kauf nehmen. Warten wollte ich nicht, also entschied ich mich im Wintersemester 93/94 für ein Magisterstudium der Pädagogik und Germanistik in Darmstadt.

Über die Inhalte des Studiums hatte ich mich zuvor wenig informiert, das würde ich heute nicht noch einmal so

Daniela Windisch, 1972 geboren, studierte von 1993 – 1999 Pädagogik und Germanistik an der Technischen Universität Darmstadt mit dem Schwerpunkt Historische Pädagogik. Direkt im Anschluss an den Magister-Artium-Abschluss wurde ihr der Einstieg in den Personalbereich ermöglicht. Daniela Windisch ist heute für den Bereich Human Resources & Office des mittelständischen Unternehmens Dataforce GmbH in Frankfurt am Main verantwortlich, das Marktforschung für die Automobilindustrie betreibt.

machen, denn es geht ja schließlich um die eigene Ausbildung. Was ich zu wissen glaubte war, dass mir mit einem Magisterstudium alle Türen offen stehen würden, ich bin auf nichts festgelegt und habe Zeit mich zu orientieren. Schon bald stellte sich jedoch heraus, dass sich diese Annahme nur teilweise bewahrheitete. Es gab keine Pflichtveranstaltungen, gegebenenfalls Vorgaben zu den Bereichen, in denen die Scheine gemacht werden mussten, und viel Raum, um verschiedene Themengebiete auszuprobieren. Das Studium war ein reines Theoriestudium, Praktika wurden in der Studienordnung zwar empfohlen, waren aber nicht verpflichtend. Das mit den offenen Türen war und ist leider nicht ganz so wie gedacht, denn es gibt keine exakt für Magisterstudenten ausgeschriebenen Stellen, es sei denn, man schlägt die Hochschullaufbahn ein und wie üppig die Stellen in diesem Bereich sind, dürfte bekannt sein.

Im Grundstudium habe ich versucht, ein möglichst vielfältiges Angebot an Seminaren zu besuchen. Oft bin ich auch zu fachübergreifenden Veranstaltungen gegangen. Sehr schnell schon habe ich gemerkt, dass ich etwas Handfestes suchte, und der bildungstheoretische Zweig am Institut für Pädagogik konnte mir dies nicht geben. Deshalb entschied ich mich, insbesondere nach der Zwischenprüfung, den Bereich der Historischen Pädagogik zu vertiefen. Für mich war es damals am wichtigsten, Zusammenhänge zu verstehen und zu sehen, welchen Einfluss die Vergangenheit auf die Zukunft hat, zu sehen, dass viele Phänomene unserer Zeit ihre Wurzeln in der Vergangenheit haben. Als es mir dann auch noch möglich wurde, innerhalb der Historischen Pädagogik bedeutende Dichter und ihre Erziehungsmethoden und deren Darstellung innerhalb der Literatur näher zu betrachten, schien mir das Zusammenspiel meiner beiden Hauptfächer als ideal.

Innerhalb der Germanistik fiel es mir nicht leicht, mich zwischen der Sprach- und Literaturwissenschaft zu entscheiden. Den bisherigen Ausführungen zufolge hätte ich mich für die Sprachwissenschaft entscheiden müssen, da hier ein festes Regelwerk die Grundlage aller Betrachtungen bildet und daher weniger schwammig ist. Dennoch entschied ich mich für die Literaturwissenschaft. Hier konnte ich mehr über Menschen, Charaktere und Einflüsse der jeweiligen Epochen auf die Dichter und ihre Literatur erfahren. Außerdem lässt die Sprache, die jedes literarische Werk spricht, immer Rückschlüsse auf äußere und innere Entstehungszusammenhänge zu.

Nach der Zwischenprüfung hatte ich das Glück, im Bereich der Historischen Pädagogik eine wissenschaftliche Hilfsstelle, den so genannten Hiwi-Job, angeboten zu bekommen. Wenn ich ehrlich bin, hat erst an diesem Punkt mein eigentliches Studium begonnen. Ich habe gelernt, die Dinge mit anderen Augen zu betrachten. Die Zeit der breiten Orientierung war nun vorbei. Ich lernte Zusammenhänge zu erkennen, nachzuforschen, tiefer in die Materie einzudringen. Neben dem Fachlichen war aber auch das Organisatorische, das wissenschaftliche Arbeiten, ein wesentlicher Bestandteil meiner damaligen Arbeit.

Ein ganz entscheidendes Ereignis in meinem Studienweg war ein Seminar, in dem Berufsfelder für Pädagogen vorgestellt wurden, und zwar von Menschen, die direkt aus der Praxis kamen. Das Seminar hatte also einen ähnlichen Charakter wie dieses Buch und vielleicht ist das auch der Grund, warum ich gerne diesen Beitrag geleistet habe.

Während dieser Veranstaltungsreihe gab es ein Thema, das mir noch nie zuvor untergekommen war und dem ich nicht nur für den Moment, sondern für den Rest meines Studiums volle Aufmerksamkeit widmete: die Museumspädagogik.

Vielleicht ist dieser Begriff für den einen oder anderen Leser ebenso unbekannt, wie er zum damaligen Zeitpunkt für mich war, deshalb möchte ich an dieser Stelle ganz kurz darauf eingehen.

Ganz allgemein umfasst Museumspädagogik alle vermittlungsbezogenen Aktivitäten im Museum und richtet sich sowohl an Erwachsene als auch an Kinder. Museumspädagogik ist nicht nur Wissensvermittlung. Sie befasst sich in erster Linie mit Menschen, nicht mit Dingen. Museumspädagogik findet sich teilweise in der didaktischen Aufbereitung von Ausstellungen und Präsentationen, also auch in einer zielgruppenorientierten Didaktik, wieder. Häufig werden Schulklassen in museumspädagogischen Programmen angesprochen, da das Museum aufgrund seiner Authentizität seit geraumer Zeit zunehmend als Lernort verstanden wird.

Seither richtete ich mein ganzes Tun auf dieses Thema aus. Ich war begeistert von der Idee, mein Interesse an der Kunst und schönen Dingen, der Ausdruck von Geschichte, der sich in jedem Kunstwerk widerspiegelt, mit pädagogischen Aspekten zu vereinen. Ich war fasziniert davon, anderen Menschen zu helfen, die »Sprache der Dinge« zu verstehen. Und wie heißt es so schön, man kann andere nur anzünden, wenn man selbst brennt. Meine Studienarbeit und auch meine Magisterarbeit befassen sich beide mit diesem Thema. Ein zweieinhalbjähriges Praktikum im Hessischen Landesmuseum Darmstadt ermöglichte mir den nötigen Praxisbezug, um die Bedeutung von Museumspädagogik ins rechte Licht zu rücken. Es bleibt aber auf jeden Fall festzuhalten, dass mein damaliger Professor mich hierbei sehr unterstützte, denn Museumspädagogik war nun kein Thema, das üblicherweise an der TU Darmstadt behandelt wurde.

Nach Abschluss meines Studiums im Januar 1999 begann ich ein halbtägiges Volontariat in einem Frankfurter Museum, um sozusagen die Blickrichtung etwas zu ändern. Das Volontariat war – wie man es bei kulturellen Einrichtungen meist kennt – unentgeltlich, sodass ich mich nach einem geeigneten Nebenverdienst umschauen musste. Ich las eine Anzeige mit dem Titel »Call Center Agent gesucht« und dachte, das mach' ich, das kann ich. Ich habe sofort angerufen und wurde zu einem Gespräch eingeladen. Empfangen wurde ich folgendermaßen: »Schönen guten Tag, Sie haben sich bei uns als Personaldisponentin beworben, nehmen Sie bitte einen Moment Platz.« Ich setzte mich völlig überrascht und wartete auf den Personalchef. Das komplette Gespräch dauerte zwei Stunden und bezog sich nicht auf die ausgeschriebene Position, sondern auf eine Teilzeitstelle im Personalbereich. Ich fuhr völlig durcheinander nach Hause und zwei Tage später kam die Zusage.

Offensichtlich hatte man schon lange nach jemand Geeignetem gesucht, und ich habe sowohl am Telefon als auch im persönlichen Gespräch den passenden Eindruck hinterlassen: abgeschlossenes Studium in einem nicht ganz fachfremden Gebiet, Erfahrung im Umgang mit Menschen, gutes Ausdrucksvermögen, Willenskraft und sympathisches Auftreten.

Das Angebot klang interessant und ich nahm an. Von nun an war ich für die Personaldisposition im Call Center zuständig. Mit meiner damaligen Vorgesetzten führte ich komplette Bewerbungsszenarien durch: Von der Anzeigenschaltung über Telefoninterviews und Bewerberforen bis zur Vertragsgestaltung und Einführung neuer Mitarbeiter machte sie mich mit allem vertraut. Es mussten Schulungen organisiert und die Anwesenheit der Call Center Agents überprüft werden. Auch das Führen von Personalakten fügte sich nach und nach in meinen Aufgabenbereich ein. Ich merkte recht schnell, dass dies nicht nur ein Nebenjob war, sondern eine Tätigkeit, die mir Spaß machte. Man muss dazu sagen, dass in diesem Call Center vorwiegend Studenten beschäftigt wurden und auch die Führungsetage noch recht jung war, sodass insgesamt ein gutes Arbeitsklima herrschte.

Allerdings gab es da noch meinen Museumsjob, der mich entgegen allen Erwartungen nicht ausfüllte. Dann wurde meine Vorgesetzte schwanger und ging in Mutterschutz. Dies war der Zeitpunkt, an dem man mich fragte, ob ich nicht vollzeit als Personaldisponentin tätig sein wollte. Ich stand nun zwischen einer Tätigkeit in der freien Wirtschaft, in der Menschen und auch Sprache eine ganz wichtige Rolle spielten, wofür ich aber keine eigentliche Ausbildung hatte. Und auf der anderen Seite mein Traum von der Museumspädagogik, auf den in den letzten Jahren alles ausgerichtet war, für den ich aber auch keine richtige Ausbildung hatte. Für den ersten Job sprach eine enorme Zufriedenheit, die ich dabei verspürte, etwas bewegen zu können und die Aussicht, mich auf einem Sektor fortzubilden, der weit verbreitet war. Hinzu kam die finanzielle Seite, was eher nüchtern klingt, aber auch eine wesentliche Motivation für unser Tun darstellt. Die Alternative, das Museum also, bot hingegen wenig Perspektiven, da Gelder im kulturellen Umfeld eher knapp sind und die Chancen, hier einen wirklich guten Job zu finden, sehr begrenzt. Hinzu kommt die Konkurrenz zu den Fachwissenschaftlern, die gerne selbst vermitteln und die Pädagogen im Museum nicht immer richtig ernst nehmen.

Ich entschied mich trotz aller Energie, die ich in die Museumsarbeit gesteckt hatte, für den Personalbereich und aus heutiger Sicht war dies eine gute Entscheidung.

Praktika –»geht nicht, gibt's nicht«

Seit Beginn meines Studiums habe ich versucht, mich mit verschiedenen Themen vertraut zu machen und mir Schwerpunkte zu setzen. Aufgrund der Tatsache, dass das Studium reine Theorie war, habe ich mich immer bemüht durch Praktika herauszufinden, in welchem Bereich ich später einmal tätig sein möchte. Ich habe die sozialpädagogische Richtung eingeschlagen und ein Praktikum in einer Beratungsstelle für Kinder, Jugendliche und Eltern absolviert. Ich lernte sehr viele verschiedene familientherapeutische Ansätze kennen und stellte mit Erschrecken fest, wie wichtig und wie hoch der Bedarf für eine solche Beratungsstelle ist. In dieser Zeit habe ich wichtige Erfahrungen gemacht, tiefe Einblicke gewonnen, wusste aber letztendlich, dass dies nicht wirklich ich war. Es hätte in jedem Fall bedeutet, nach dem Studium eine Zusatzausbildung zu machen.

Das nächste Praktikum war in der Vorklasse einer Grundschule. Hier ging es darum, Kinder mit einer Lern- oder Verhaltensschwäche zu fördern und auf die Schule vorzubereiten. Es war auch hier wieder enorm, wie mich die Notwendigkeit dieser Einrichtung erfasste. Ich denke heute mit sehr positiven Erinnerungen an diese Zeit zurück. Zum ersten Mal kam ich hier mit der Montessori-Pädagogik in Kontakt, die im Anschluss Thema meiner Zwischenprüfung werden sollte. Nach der Zwischenprüfung folgte schon das Praktikum im Hessischen Landesmuseum. Gemeinsam mit dem zuständigen Museumspädagogen und anderen Praktikanten war ich für die Konzeption und Durchführung museumspädagogischer Programme zu Dauer- und Sonderausstellungen für Schulklassen zuständig. Meist gab es vorab einen kleinen theoretischen Teil in Form einer Ausstellungsführung, wobei die Kinder auch hier in Gespräche eingebunden wurden. Anschließend kam ein praktischer Teil, in dem alle in andere Welten und vergangene Zeiten eintauchen und somit Kunst und Kultur erleben konnten.

Auf jeden Fall möchte ich noch einmal festhalten, wie wichtig Praktika für den eigenen Werdegang sind. Außer den praktischen Erfahrungen, die man im Berufsalltag sammelt, trifft man immer auf Menschen, die einem im späteren Leben vielleicht noch einmal hilfreich sein können. Praktika zu machen heißt auch, Netzwerke zu erstellen. Möglicherweise bleibt man dem Abteilungsleiter von damals so gut in Erinnerung, dass man nach dem Studium gute Chancen hat, auf seine Empfehlung eingestellt zu werden. Bei vielen großen Unternehmen gehört es übrigens häufig zur Firmenphilosophie, ehemalige Praktikanten mit Informationen zu versorgen und zu Firmenfesten einzuladen, da man schon früh Bindungen zu potenziellen Nachwuchskräften herstellen möchte. Wie dem auch sei, Kontakte zu pflegen erweist sich in jedem Fall als ratsam, um später einmal verschiedene Anlaufstellen zu haben.

Praktikantenplätze sind bekanntlich sehr begehrt und deshalb ist es nicht immer leicht auch dort angenommen zu werden, wo man gerne hinmöchte. Darüber hinaus sind oftmals Vorkenntnisse oder eine höhere Semesterzahl erforderlich, aber irgendwann muss man ja mal anfangen. Man sollte bei der Praktikumsauswahl aber auch verschiedene Richtungen einschlagen und sich nicht nur auf den vermeintlichen Königsweg festlegen. Wer sich heute der Arbeitswelt als eingefahren und unflexibel gegenüberstellt, hat schon verloren. Zu viele Kompromisse sollte man natürlich auch nicht eingehen, schließlich ist es das eigene Leben und zur Arbeit geht man in der Regel acht Stunden am Tag. Ich möchte auf jeden Fall jedem Studierenden Mut machen, sich seine eigene Nische zu suchen. Auch wenn meine Praktika alle in anderen Bereichen lagen als mein jetziger Beruf, so wäre ich ohne Praxiserfahrung bestimmt nicht dort, wo ich heute bin. Deshalb kann ich nur jedem empfehlen, sich frühzeitig umzuschauen und aktiv zu sein. Eigeninitiative ist besonders in der heutigen Zeit enorm wichtig.

Personalarbeit als Balanceakt zwischen menschlichen und wirtschaftlichen Interessen

Heute bin ich zuständig für den Bereich Human Resources eines mittelständischen Unternehmens, das für die Automobilindustrie Marktforschung betreibt. Hierfür gibt es u.a. ein eigenes Call Center, in dem wir zurzeit 35 Studierende beschäftigen. Das Unternehmen ist eine Ausgliederung aus der Firmengruppe, bei der ich 1999 als Personaldisponentin in Teilzeit angefangen hatte.

Meine derzeitige Tätigkeit knüpft an die zu Anfang beschriebene Position an, mit der Ausnahme, dass ich heute nicht mehr nur für die Call-Center-Mitarbeiter, sondern für das gesamte Personal zuständig bin.

An dieser Stelle möchte ich daher noch einmal festhalten, dass Recruitingmaßnahmen – und hier muss man gelegentlich sehr kreativ werden –, die Bewerberauswahl und Personalbetreuung sowie die Einsatzplanung der Call-Center-Kräfte und die Personalverwaltung zu meinen täglichen Aufgaben gehören. Über all diesen Teilaufgaben steht ganz groß der Begriff Kommunikation. Kommunikation mit, Kommunikation zu, Kommunikation über Menschen. Darauf werde ich gleich näher eingehen, zuvor muss ich aber noch erwähnen, dass es zwischen all den menschlichen Kontakten unerlässlich ist, personalrelevante Statistiken zu führen. Kapazitätsplanung, Urlaubsverwaltung oder Leistungsreportings. Und dann hat man auch noch dafür zu sorgen, dass alle Mitarbeiter am Monatsende ihren Lohn bekommen. Hier bin ich allerdings nur in die Vorbereitung der Gehaltsabrechnung involviert. Zu Beginn war mir das alles als Geisteswissenschaftlerin der eher fremde Teil. Doch mittlerweile habe ich einen anderen Blick dafür bekommen und sehe die Notwendigkeit für diese Dinge.

Menschen und Lebensläufe:
Die Bedeutung hinter den Worten

Was mich an den Bewerbungsgesprächen besonders reizt, ist für eine ausgeschriebene Stelle die optimale Besetzung zu finden. Je nach Fachgebiet fällt es mir nicht immer leicht, passende Bewerber auszusuchen. Hier sollte man auf jeden Fall Fachkräfte hinzuziehen. Mir ist vielmehr daran gelegen, den richtigen Menschen zu finden. Passt der Bewerber ins Team, wie wird er von den anderen aufgenommen...? Das sind Fragen, die man sich vorher auf jeden Fall stellen muss, um zu gewährleisten, dass die Arbeitsatmosphäre stimmt. Denn nur in einem guten Klima kann produktiv gearbeitet werden. Deshalb führe ich mit potenziellen Mitarbeitern so genannte Schnuppertage durch, damit der Bewerber sich sein eigenes Bild über die Alltagssituationen im Unternehmen machen kann. Somit besteht die Möglichkeit, dass er nicht nur Ausschnitte der Arbeit selbst, sondern auch die Kollegen kennen lernen kann – und natürlich auch umgekehrt. Darüber hinaus hat man als Personalkraft die Gelegenheit, den Bewerber in verschiedenen Situationen zu erleben und das hilft oftmals, um eine Entscheidung zu treffen.

Mein Arbeitsalltag ist oft sehr hektisch, aber auch abwechslungsreich. Insbesondere in Bewerbungsphasen klingelt häufig das Telefon, man muss immer präsent sein, offen für die Fragen und Probleme der Mitarbeiter. Es ist wichtig, eine vertrauensvolle Basis zu den Mitarbeitern aufzubauen. Man ist da, macht Mut, bietet Hilfe und Unterstützung an und freut sich am Erfolg der anderen. Trotzdem darf man nicht vergessen, dass man nicht nur die Interessen der Mitarbeiter zu vertreten hat, sondern im Wesentlichen auch das Unternehmen mit seinen Ansprüchen. So bleibt es nicht aus, dass man gelegentlich auch Kritik üben muss und das nach Möglichkeit konstruktiv. Die Förder- und Kritikgespräche stellen für mich eine ganz besondere Herausforderung dar. Man muss sehr sensibel vorgehen und sollte es nicht versäumen, die Gespräche genügend vorzubereiten. Das ist nichts, was man mal eben nebenbei macht, hierfür benötigt man Zeit, will man seinem Gegenüber gerecht werden.

Ich finde es spannend, Stärken im Menschen zu erkennen und diese nach Möglichkeit zu fördern und Richtungen aufzuzeigen. Man hat das Gefühl etwas bewegen zu können, und zwar auf beiden Seiten. Innerhalb der Gespräche versuche ich mich zu beobachten. Das gelingt nicht immer, sonst ist man unkonzentriert. Aber dennoch stelle ich mir im Nachhinein Fragen: Wie ist es gelaufen? Was hätte ich anders machen können? Worauf muss ich beim nächsten Gespräch mehr achten? Was kann ich tun, um mich zu verbessern? Soll ich mich extern über bestimmte Rechtsfragen informieren oder hilft es mir, mich intern mit Kollegen auszutauschen. Was Letzteres betrifft, so kann dies nur mit einer weiteren Vertrauensperson selbst geschehen. Denn als Personalverantwortliche kann ich nicht mit jedem über Vertrauliches reden, das muss klar sein.

Wie bisher deutlich wurde, besteht ein sehr großer Teil meiner Arbeit darin, Gespräche zu führen, und es ist nicht immer leicht, die richtigen Worte zu finden. Es gibt sicherlich Standardformulierungen, die man verwendet, die in zahlreichen Büchern nachzulesen sind und die einen groben Gesprächsrahmen bilden können. Menschen aber sind unterschiedlich, Reaktionen sind verschieden. Wenn man den Menschen hinter den Worten kennen lernen will, gilt es individuelle Wege einzuschlagen. Und hierzu gehört auch das aktive Zuhören. Man darf nicht nur sein »Programm« abspulen, sondern muss hören und verstehen, was der Gesprächspartner tatsächlich sagt oder sagen will. Außer Worten nehmen hier selbstverständlich Gestik und Mimik einen enormen Platz ein, ein Punkt, dessen Bedeutung man nicht unterschätzen darf.

Mein Germanistikstudium hat mich für den Einsatz von Sprache – verbal und nonverbal – sensibel gemacht. Für den Aufbau von Gesprächen, die Wirkung von Sprache und vor allem dafür, nicht sprachlos zu sein. Man muss Flexibilität beweisen, andernfalls erstarren Gespräche und man kommt zu keinem Ziel.

Muss man ein geisteswissenschaftliches Studium absolviert haben, um im Personalbereich arbeiten zu können?

In den letzten Jahren wurde mir immer wieder die Frage gestellt, was denn nun mein Beruf mit meinem Studium zu tun habe.

Letztendlich kann man dies nicht genau bestimmen, denn es gibt kein Wissen, das man eins zu eins umsetzen kann. Die klassische Ausbildung wäre ein BWL-Studium mit Schwerpunkt Personal gewesen, aber davon war und bin ich weit entfernt.

Mein Studium war keine Ausbildung, es war vielmehr Bildung, Selbstbildung. Ich konnte mich sehr lange sehr intensiv mit Themen beschäftigen, die mich begeisterten, und das betrachte ich heute als ein sehr großes Privileg. Dennoch habe ich nie um meiner selbst willen studiert, sondern immer mit dem Ziel, das Studium zu beenden und danach in einem verwandten Tätigkeitsfeld zu arbeiten. Ich habe mich nicht entmutigen lassen, habe immer daran geglaubt, dass mir dies gelingen wird. Wenn man einmal davon absieht, dass immer auch ein bisschen Glück zum Erfolg gehört – und Glück hatte ich –, so war es bestimmt auch mein Ehrgeiz, meine Aufgeschlossenheit und meine Begeisterungsfähigkeit, die mich dorthin gebracht haben, wo ich heute bin.

Obwohl ich felsenfest von einer »Karriere« als Museumspädagogin geträumt hatte, habe ich einen anderen Weg eingeschlagen. Ich war offen für Neues, ich ließ mich begeistern und habe alle Energie hineingesteckt, um mich zu behaupten. Das war nicht immer leicht und es gab durchaus auch schon Zeiten, die mich an meinem Weg zweifeln ließen. Das sind dann die Momente, in denen man sich fragt, ob die Ideale, die man irgendwann einmal hatte, und die Realität zusammenpassen.

Auch wenn ich wenig Fachliches aus meinem Studium einbringen kann, so ist es das wissenschaftliche Arbeiten, das Nachfragen, das Organisatorische, der Blick für das Wesentliche, das ich während meines Studiums gelernt habe und das mir heute weiterhilft.

Dennoch war mir klar, dass ich Verantwortung übernommen hatte, für das Unternehmen, die Mitarbeiter, für mein Tun. »Learning by doing« war mir nicht genug. Das nicht von Grund auf erlernte Fachwissen versuchte ich mir durch den Besuch von Seminaren anzueignen. Begriffe wie Arbeitsrecht, Lohnsteuer- und Sozialversicherungsrecht, Arbeitszeugnisse usw. waren mir nicht geläufig. Ich habe Veranstaltungen bei den Krankenkassen und freien Seminaranbietern besucht, muss aber sagen, dass mir die Fortbildungen der IHK am hilfreichsten und effektivsten erschienen. Allein der Austausch mit anderen Personalfachleuten vermochte mir neue Anregungen für die eigene Arbeit zu geben.

Letztendlich hat mich mein Studium aber auch zu dem Menschen geformt, der ich heute bin. Die Erfahrungen, die ich gemacht habe, all das bringe ich in meinen Beruf mit ein, ich bringe mich mit ein. Mein Einfühlungsvermögen, meine Organisationsfähigkeit und vielleicht auch mein Gerechtigkeitssinn helfen mir meine Arbeit durchzuführen. Persönliche

Eigenschaften, die so genannten Soft Skills, sind vielfach ausschlaggebend für den Erfolg. Nicht vergessen sollte man in diesem Zusammenhang auch Hobbys oder beispielsweise privates Engagement in Vereinen. Denn nicht selten sind es die in diesen Bereichen erforderlichen Eigenschaften, die im beruflichen Umfeld gefordert werden. Deshalb sollte man sich auch nicht davor scheuen, diese innerhalb von Bewerbungsgesprächen zu erwähnen. In manchen Bereichen kann unter Umständen genau diese Eigenschaft das sein, was einen selbst von anderen Bewerbern unterscheidet und zur Einstellung verhilft.

Heute fragt niemand mehr nach meinem akademischen Titel, er steht nicht einmal auf meiner Visitenkarte. Und mein heiß geliebtes Thema der Magisterarbeit war schon gar nicht von Belang. Dennoch war das abgeschlossene Studium wichtig für meine Einstellung und darüber hinaus für mein Selbstbewusstsein. Ich weiß für mich, dass ich mein Studium abgeschlossen habe. Ich habe es zu Ende gebracht und diese Erfahrung nimmt mir niemand.

Sollte ich das Rad zurückdrehen können, hätte ich (fast) nichts anders gemacht. Womöglich hätte ich mich vor dem Studium besser über die Inhalte informiert und im Hinblick auf die heutige Personalarbeit vielleicht eher Wirtschaft, Recht oder Psychologie als weiteres Nebenfach gewählt, um zumindest ein Grundverständnis in diesen Bereichen mitzubringen. Die Kombination dieser Fächer mit Pädagogik und/oder Germanistik halte ich ohnehin für eine sehr vorteilhafte, da ich denke, dass sich Geisteswissenschaftler in der freien Wirtschaft durchaus behaupten können und die Führungsetagen mit neuen Impulsen zu bereichern in der Lage sind.

Ich persönlich wollte immer einen Job und nicht Karriere machen, meine Situation heute hat diese Erwartung schon längst übertroffen. Momentan genieße ich es, das auszuleben, was ich mir bisher angeeignet habe. Es kann nicht immer nur steil vorangehen.

Langfristig kann ich mir aber vorstellen, verstärkt Hochschulmarketing zu betreiben, d.h., Nachwuchskräfte direkt von der Universität zu rekrutieren. Auf jeden Fall möchte ich mich mit Menschen auseinander setzen und sie begeistern. Vielleicht führt mich mein Weg aber auch ganz woanders hin, vielleicht wieder zurück ins Museum, wer weiß es. Ich bin offen für alles und gespannt, was noch kommt.

Im Gehen entsteht der Weg

Vom DAAD-Lektor zum Unternehmensberater in einem Chemie- und Pharmakonzern

Markku Klingelhöfer, Jahrgang 1968, studierte Germanistik, Philosophie und Politikwissenschaften an der Universität Wuppertal (Promotion 1998) und Wirtschaftswissenschaften an der FH Reutlingen (MBA 2000). Nach 3-jähriger Tätigkeit als internationaler Projektleiter und Lektor des Deutschen Akademischen Austauschdienstes (DAAD) in China arbeitet er seit 2001 als Berater und Projektmanager im Inhouse Consulting der Merck KGaA in Darmstadt. Markku Klingelhöfer ist auch Lehrbeauftragter für Projektmanagement an der European School of Business in Reutlingen.

Studium der Germanistik, Philosophie und Politikwissenschaft

In jedem Bewerbungsgespräch wurde mir früher oder später die Frage gestellt, warum ich mich nach Abitur und Wehrdienst entschloss, Germanistik, Philosophie und Politikwissenschaft zu studieren. Die nahe liegende Antwort lautet: aus Neigung. Der Wunsch, sich über die Schulzeit hinaus mit Literatur und Philosophie zu beschäftigen, führte mich Ende der 80er Jahre zum Studium nach Wuppertal. Innerhalb der Germanistik studierte ich als Schwerpunkt moderne Literaturwissenschaft und im Fach Philosophie spezialisierte ich mich auf ostasiatische Philosophien und im Besonderen den chinesischen Daoismus.

Wenn ich von meiner jetzigen Tätigkeit als Unternehmensberater und Projektmanager ausgehe, stellt sich die Frage, ob mein geisteswissenschaftliches Studium in irgendeiner Weise von Nutzen für meine derzeitige Arbeit ist. – Die Antwort lautet ja. Ohne mein Studium wäre mein Werdegang nicht möglich gewesen, und ohne die Kenntnisse, die ich im Studium erworben habe, könnte ich meine Arbeit nicht ausfüllen, wie ich es tatsächlich tue.

Von den Kenntnissen und Fähigkeiten, die ich im Studium erwarb, sind mir zurzeit zwei besonders wichtig und nützlich. Zunächst ist es die Fähigkeit, komplexe Zusammenhänge strukturiert und umfassend zu analysieren und zu interpretieren. Das Verfahren zur Problemanalyse in Projekten ist der Interpretation von Texten sehr ähnlich: Der Gesamtkorpus wird nach einem definierten Vorgehen zergliedert, die Einzelteile werden geprüft und bewertet und in einem dritten Schritt werden die Erkenntnisse dieser Bewertungen in einem Gesamtbild zusammengefügt. In der Literaturwissenschaft steht am Ende dieses Prozesses die Interpretation eines Textes, im Projektmanagement steht am Ende dieses Prozesses das Verständnis und ein Lösungsvorschlag für ein initiales Problem. Während meines Studiums beschäftigte ich mich unter anderem mit der Lyrik Friedrich Hölderlins und Georg Trakls, zwei Dichtern, deren Gedichte als kryptisch und schwer verständlich gelten. Zur Interpretation der Texte analysierte ich die Form der Gedichte, den Inhalt, den historischen Kontext, in dem sie entstanden, und die biographische Situation ihrer Verfasser. Die Teile fügte ich zu einer umfassenden Interpretation zusammen. Zwar wende ich als Unternehmensberater meine Kenntnisse der Literatur so gut wie nie an, aber die Denkstruktur, die ich zur Analyse von Literatur beherrschen lernte, ist eine wesentliche Stärke meiner jetzigen Arbeit. Sobald ich mich von der Betrachtung von Texten löse und die Interpretationstechniken abstrahiere, bin ich in der Lage, meine in der Literaturwissenschaft erworbenen Fähigkeiten auf meine heutige Tätigkeit zu übertragen.

Die zweite Fähigkeit, die mir wichtig und nützlich ist, ist ein ausgeprägtes Gespür für Sprache und Rhetorik. In jedem mir bekannten Kontext ist es unabhängig von der Anwendung von Techniken und der Produktion von Ergebnissen von entscheidender Wichtigkeit, die Arbeitsergebnisse zu kommunizieren. So manche richtige Entscheidung, so manches gute Konzept und so mancher wichtige Vorschlag wird nicht umgesetzt, weil die Kommunikation nicht überzeugend ist. Durch meine »hauptberufliche« Beschäftigung mit Literatur bin ich für die Wirkungsweise von Sprache zumindest sensibilisiert.

Absolventen anderer Disziplinen wie z. B. Techniker, Naturwissenschaftler und Juristen beherrschen andere, ebenfalls äußerst zielführende und wertvolle Denk- und Arbeitsstrukturen, und ohne jede Wertung möchte ich meinen derzeitigen Chef zitieren, der in Bezug auf die personelle Zusammensetzung unserer Abteilung den Standpunkt vertritt: »Die

Mischung macht's!« In diesem Sinne sind die Kernkompetenzen, die ich als Literaturwissenschaftler erworben habe, eine sinnvolle Bereicherung für das Team, in dem ich zurzeit arbeite.

Eine häufig gestellte und schwierig zu beantwortende Frage war bereits während meines Studiums der Germanistik die Frage nach meiner beruflichen Zukunft. Da ich bei der Auswahl der Fächer meiner Neigung gefolgt war, hatte ich bei Studienbeginn kein eigentliches Berufsziel vor Augen, und lange Zeit sah ich meine Zukunft in einer Hochschulkarriere, die mich über Promotion und Habilitation zu einer Professur in meinem Hauptfach qualifizieren würde. Zwar finanzierte ich mein Studium zum Teil durch Arbeit in der vorlesungsfreien Zeit, aber statt mich in der verbleibenden Freizeit um Praktika in Verlagen, Wirtschaftunternehmen oder bei anderen potenziellen Arbeitgebern zu bewerben, nutzte ich die Semesterferien für einige ausgedehnte Reisen in Asien und Afrika. Diese Reisen erweiterten meinen Horizont maßgeblich und weckten in mir den Wunsch, für einen längeren Zeitraum in Asien zu leben und dort nach einer Arbeitsmöglichkeit zu suchen.

Schon während meiner Reisen machte ich jedoch die Erfahrung, dass meine englischen Sprachkenntnisse nicht ausreichten, um im Ausland zu leben und zu arbeiten. Infolge dieser Einsicht hing von meinen auf den ersten Blick nicht für den Arbeitsmarkt qualifizierenden Reisen zu einem nicht unbeträchtlichen Teil mein weiterer Werdegang ab.

Fremdsprachenassistenz in Schottland und DAAD-Lektorat in China

Über Freunde aus dem Fachbereich Anglistik erfuhr ich von einem staatlichen Austauschprogramm, in dem so genannte Fremdsprachenassistenten entsandt wurden, die während eines Schuljahrs an britischen Schulen einen Teil des Deutschunterrichtes durchführen und die britischen Lehrerkollegen unterstützen sollten. Als der Abschluss meines Studiums absehbar war, bewarb ich mich für dieses Programm, um in Großbritannien meine Englischkenntnisse zu verbessern. Mit dem langfristigen Ziel, nach Asien zu gehen, kam mir eine einjährige »Probephase« zunächst im europäischen Ausland auch äußerst gelegen, wusste ich doch nicht, ob mir das Leben im Ausland und außerhalb meines gewohnten sozialen Kontextes gefallen würde. Obwohl ich nach meinem Studienabschluss als

Fremdsprachenassistent zunächst kaum Geld verdiente (das Gehalt deckte gerade meine Kosten in Schottland), habe ich diesen Schritt nie bereut.

Ich konnte – wie geplant – mein Englisch verbessern, hatte Gelegenheit, erste Erfahrungen in der Lehre und der Vermittlung von Wissen zu machen, und nicht zuletzt wurde ich in der mir fremden Gesellschaft sehr gut und freundlich aufgenommen. Mit diesen Erfahrungen bekam ich Lust, auch länger und vor allem in einem ferneren fremden Land zu leben. – Ich entschloss mich also, nach einem Weg zu suchen, um für einige Jahre nach Asien gehen zu können.

Durch Kontakte zum Goethe-Institut in Glasgow erfuhr ich vom Deutschen Akademischen Austauschdienst (DAAD) und seinen Programmen. Der DAAD ist im Auftrag des Auswärtigen Amtes für den weltweiten Austausch von Wissenschaftlern verantwortlich. Er vergibt unter anderem Stipendien an ausländische Hochschulangehörige für einen Gastaufenthalt in Deutschland, und er entsendet z. B. in einem Lektorenprogramm deutsche Wissenschaftler an ausländische Hochschulen. Ich bewarb mich für eine vakante Position als Literaturwissenschaftler an einer chinesischen Universität in Shanghai.

Als Qualifikation für diese DAAD-Lektorenstelle war mein Studienabschluss zwar Voraussetzung, aber ein viel entscheidenderes Kriterium war die persönliche Bewertung durch eine Auswahlkommission. Für diese Kommission waren meine durch das Studium der ostasiatischen Philosophie, aber vor allem die durch meine Reisen nachgewiesene Affinität zu Asien und meine Auslandserfahrung in Schottland maßgeblich.

Der DAAD entschloss sich, mich nach China zu entsenden, und ich erhielt die Chance, für drei Jahre in Shanghai zu leben und zu arbeiten. Wenn ich mich mit jetzigen Kollegen und Freunden mit anderen akademischen Werdegängen vergleiche, scheint es mir relativ leicht gefallen zu sein, eine meinem Studienabschluss entsprechende qualifizierte Stelle im Ausland zu bekommen. In diesem Zusammenhang ist zumindest bemerkenswert, dass weder die Teilnahme an dem Fremdsprachenassistenten-Programm noch die Entsendung als DAAD-Lektor an die Shanghaier Universität ohne mein abgeschlossenes Germanistikstudium möglich gewesen wären.

Nach meiner Entsendung an die Shanghai International Studies University war meine Hauptaufgabe zunächst die Konzeptionisierung und Durchführung von literaturwissenschaftlichen Seminaren und Vorlesungen. Die Bandbreite reichte dabei von Vorlesungen zur Geschichte der deutschsprachigen Literatur bis zu Seminaren zur zeitgenössischen Lyrik.

Als ich 1996 nach China kam, wurde innerhalb des Hochschulverbandes diskutiert, wie die Studenten geisteswissenschaftlicher Studienfächer besser als bisher für das Berufsleben vorbereitet werden könnten. In diesem Zusammenhang wurde ich gebeten, ein Konzept zu entwickeln, wie man das Nebenfach Wirtschaft in geisteswissenschaftliche Studiengänge integrieren könne. Ausgehend von diesem Konzept initiierte die germanistische Fakultät meiner Hochschule ein Projekt, das die Einführung eines integrierten Sprach- und Wirtschaftsstudienganges als landesweiten Pilotstudiengang zum Ziel hatte.

Es war meine Aufgabe, diesen Studiengang aufzubauen und zu implementieren. Dabei war es notwendig ein Curriculum zu erstellen, Drittmittel zur finanziellen Absicherung des Projektes zu akquirieren, Lehrer innerhalb des Studienganges zu qualifizieren und den Modellstudiengang in einem ersten Jahrgang einzuführen. Sukzessive beanspruchte diese Projektarbeit immer mehr meiner Zeit und verschob den Fokus meiner Tätigkeit von der Lehre zum Projektmanagement. Diese für mich neue Arbeitserfahrung ließ mich zum ersten Mal über einen grundsätzlichen Richtungswechsel meiner beruflichen Zukunftsplanung nachdenken. Vor meiner Entsendung nach China hatte ich mit einer Promotion begonnen, um mir nach meiner Rückkehr nach Deutschland die Option auf eine Hochschulkarriere offen zu halten. Zunehmend reizte mich jedoch die Projektarbeit. Während ich in der wissenschaftlichen Arbeit beim Verfassen einer Dissertation fast ausschließlich als »Einzelkämpfer« mit mir und den zu analysierenden Texten zu tun hatte, agierte ich in der Projektarbeit mit zahlreichen Interessengruppen und Einzelpersonen. Ich empfand diese »soziale Komponente« der Arbeit und vor allem die Unmittelbarkeit der erzielten Resultate als wesentlich herausfordernder und befriedigender als die wissenschaftliche Arbeit im »stillen Kämmerchen«.

Nach Abschluss des Projektes und am Ende des Lektorats in China stand ich vor der Entscheidung, welchen Weg ich in Bezug auf meine berufliche Zukunft einschlagen sollte. Aufgrund der geschilderten Erfahrungen entschied ich mich gegen den Versuch, an einer deutschen Hochschule im Bereich der Germanistik Fuß zu fassen, und für eine Zukunft in der freien Wirtschaft und im Projektmanagement. Es war mir jedoch bewusst, dass ich trotz meiner Projekterfahrungen in China ohne eine wirtschaftswissenschaftliche Qualifikation kaum eine Chance bekommen würde, in einem großen oder mittelständischen Unternehmen zu arbeiten.

MBA-Studium

Bei meiner Suche nach einem geeigneten Weg, wirtschaftwissenschaftliches Wissen und eine allgemein anerkannte Qualifikation im Fach Betriebswirtschaftslehre zu erlangen, halfen mir meine Erfahrungen als Mitarbeiter des DAAD entscheidend. Durch einige Austauschstudenten an einer Shanghaier Universität war ich auf einen internationalen Studiengang an der Fachhochschule in Reutlingen aufmerksam geworden. In diesem Studiengang, der mittlerweile zur European School of Business gehört und als einer der wenigen Studiengänge in Deutschland offiziell von der FIBAA (Foundation for International Business Administration Accreditation) akkreditiert wurde, kann in einem 18-monatigen Intensivstudium der Titel eines Master of Business Administration (MBA) erworben werden. Als Zugangsvorrausetzungen müssen ein abgeschlossenes Hochschulstudium, eine mindestens zweijährige Berufserfahrung und darüber hinaus in einem persönlichen Auswahlgespräch die persönliche Eignung für diesen Studiengang nachgewiesen werden. Zur Aufnahme in den MBA-Studiengang waren weder mein geisteswissenschaftliches Erststudium noch meine zu dieser Zeit abgeschlossene Promotion entscheidend; vielmehr gab jedoch meine praktische Projekterfahrung und vor allem mein glaubhafter Wunsch nach einem Berufseinstieg in der freien Wirtschaft den Ausschlag.

Durch die Zulassung zum Studium in Reutlingen erhielt ich die Chance, in einer Gruppe von 50 Studenten, die insgesamt aus 23 unterschiedlichen Nationen stammten, über eineinhalb Jahre hinweg acht Stunden täglich den Kanon der wirtschaftswissenschaftlich relevanten Fächer zu studieren. Die Auswahl der Fächer reichte dabei von Allgemeiner Betriebswirtschafts- und Volkswirtschaftslehre über Wirtschaftsrecht und Verhandlungsführung bis zu Projektmanagement, Marketing und Unternehmensführung. In jedem Fach wurde eine grundlegende Einführung in seine Forschungsschwerpunkte gegeben, der Kern der Lehre lag jedoch in der Vermittlung von unmittelbar im Arbeitsalltag nutzbaren Kenntnissen. Durch die Aufnahmekriterien des abgeschlossenen Studiums und der geforderten Berufserfahrung konnte in jedem Seminar aus Blickwinkeln unterschiedlicher Branchenkenntnisse und aus unterschiedlichen kulturellen Sichtweisen die Tauglichkeit des vermittelten Wissens überprüft und verifiziert werden. Von besonderer Bedeutung und Relevanz für meine spätere berufliche Tätigkeit waren dabei zwei Umstände: Zum einen erhielt ich ein profundes wirtschaftswissenschaftliches Wissen (was das eigentliche Ziel meines Studiums war), und zum anderen lernte ich meine vorangegangenen Studien- und Berufserfahrungen in wirtschaftswissenschaftliche Zusammenhänge und Denkstrukturen zu überführen. Vor allem letztere Fähigkeit ist von unschätzbarem Wert, um die eingangs angeführten Kenntnisse meines geisteswissenschaftlichen Studiums für die Arbeit als Projektmanager und Unternehmensberater nutzbar zu machen.

Als Bestandteil des MBA-Studiums musste eine Abschlussarbeit (Master Thesis) erstellt werden, die ich als Praktikant in der Marketingabteilung der Volkswagen AG in Wolfsburg verfasste. Zur Einführung einiger neuer Pkw-Modelle in der Volksrepublik China war es meine Aufgabe, die bereits bestehenden globalen Marketingrahmenpläne für den chinesischen Markt anzupassen. Durch die Arbeit an der Master Thesis vertiefte ich den Kontakt besonders zu einem Professor, dessen Seminare ich besucht hatte und der Betreuer meiner Abschlussarbeit wurde. Das Thema meiner Abschlussarbeit und das Praktikum bei der Volkswagen AG wurden in der Bewerbungsphase von den meisten Unternehmen positiv bewertet. Wichtiger als dieses positive biographische Bruchstück in meiner Bewerbungsmappe wurde jedoch der intensivere Kontakt zu meinem Betreuer und Ausbilder in den Fächern Betriebswirtschaftslehre und OTEX (Organisation und Technik des Exports). Von ihm lernte ich viel über die konsequente Anwendung betriebswirtschaftlicher Erkenntnisse im Arbeitsalltag, und er war es auch, der mich nach Abschluss meines Studiums in Reutlingen auf die Merck KGaA aufmerksam machte.

Bereits zum Ende meines MBA-Studiums hatte ich im Besonderen drei allgemeine Berufsfelder erkannt, die für mich als Einstieg in ein Unternehmen von Interesse sein könnten. Von einigen Ausnahmen abgesehen, bewarb ich mich hauptsächlich für Positionen als Assistent der Geschäftsleitung, als Projektmanager und als Berater in internen Beratungseinheiten (Inhouse Consultancies) größerer Unternehmen. Durch einen ehemaligen Absolventen des MBA-Studiums in Reutlingen, der in Kontakt zum Betreuer meiner Master Thesis steht, erfuhr ich von einem Nachwuchsförderungsprogramm der Firma Merck in Darmstadt. Da im Rahmen dieses

Entwicklungsprogramms auch ein Einsatz in der Abteilung ›Inhouse Consulting‹ vorgesehen war, bewarb ich mich bei der Merck KGaA in Darmstadt.

Unternehmensberater und Projektmanager bei der Merck KGaA

Meine Erfahrungen in den rund vier Monaten, in denen ich mich bei ca. 50 Unternehmen auf ausgeschriebene Stellen oder initiativ bewarb, lassen sich in zwei Erkenntnissen zusammenfassen: 1. Man wird in der Regel nicht zu einem Vorstellungsgespräch eingeladen, wenn man nicht formal (d. h. auf Grundlage der Bewerbungsunterlagen) für die vakante Stelle geeignet ist, und 2. ob man nach einem persönlichen Gespräch eine vakante Stelle angeboten bekommt, entscheiden zum großen Teil subjektive und persönliche Faktoren (d. h., wenn »die Chemie stimmt«).

Durch meinen bisherigen Werdegang und die Empfehlung des Reutlinger Professors war ich ein potenziell interessanter Kandidat für die Merck KGaA, und da die »Chemie« offensichtlich auch stimmte, erhielt ich im Frühjahr 2001 das Angebot, zunächst mit einem Zweijahresvertrag in der Abteilung Geschäftsentwicklung und später in der Abteilung Inhouse Consulting als Projektmanager und Unternehmensberater zu arbeiten.

Wenn ich nun von meiner gegenwärtigen Tätigkeit ausgehe, verbinden sich Kenntnisse und Erfahrungen, die ich in meinem Studium der Germanistik, während meiner Arbeit in Shanghai und im MBA-Studium in Reutlingen erlangt habe, zu einer Menge von Kompetenzen, die mir als Projektmanager und Consultant äußerst hilfreich sind.

Der Schwerpunkt meiner Arbeit besteht im Wesentlichen aus der Konzeptionierung und Implementierung von Projekten. Die Bandbreite der Aufgaben reicht dabei von Projekten im Bereich der Prozessoptimierung, über Marketing und Vertriebsprojekte bis hin zu allgemeinen Vorhaben im Bereich von Verwaltungseinheiten, z. B. in der Organisationsentwicklung. Über die Arbeit in Projekten hinaus sind meine Kollegen und ich damit beauftragt, das erworbene Wissen im Projektmanagement für alle Unternehmensbereiche zu standardisieren und unser Wissen weiterzugeben. Die Vermittlung unserer Expertise erfolgt in Seminaren und Trainings, die für unterschiedliche Zielgruppen angeboten werden. In der Kombination meiner Aufgaben vom klassischen Projektmanagement bis zur Wissensvermittlung habe ich ein Tätigkeitsprofil gefunden, das mir eine nahezu optimale Kombination meiner Kernkompetenzen ermöglicht. Das Projektmanagement erlaubt es mir, die analytischen und kommunikativen Fähigkeiten aus meinem ersten Studium genauso anzuwenden wie die praktischen Erfahrungen als Projektleiter in China. Bei der Wissensvermittlung in Seminaren und Trainings greife ich auf meine Erfahrungen als Dozent und Hochschullehrer zurück. Unabhängig von der Nutzbarkeit meiner Erfahrungen lerne ich jedoch über Fortbildungen und den Einsatz in unterschiedlichen Projekten beständig Neues, und auch die Tatsache, dass ich nicht allein Wissen weitergebe, sondern mich im Rahmen von umfangreichen Fördermaßnahmen fortlaufend weiterqualifiziere, ist ein äußerst positives Moment meiner Arbeit.

Wenn ich über aktuelle Erfolgskriterien meiner Arbeit bei Merck nachdenke, so fallen mir hauptsächlich die fortwährende Bereitschaft und Fähigkeit zu einem beständigen Lernprozess mit dem Ziel einer kontinuierlichen Verbesserung der eigenen Leistungen ein. Darüber hinaus ist sicherlich eine Verbindung von professionellen Arbeitsweisen (Hard Skills) in Verbindung mit einer grundsätzlichen Offenheit gegenüber Kollegen und eine weit reichende Neugier, sich auf neue Aufgaben einzulassen (Soft Skills), von Bedeutung. Gerade die so genannten Soft Skills sind schwer vermittel- und erlernbar, aber von nicht zu überschätzendem Gewicht im täglichen Arbeitsablauf, der nicht von rationalen Fakten, sondern zum großen Teil von Personen geprägt wird. Persönliche Offenheit und Authentizität sind der Schlüssel zu den viel beschriebenen und geforderten Soft Skills wie Teamfähigkeit, Flexibilität, Fairness u. a. Nach meinen Erfahrungen sind es auch genau diese Qualitäten der Offenheit und persönlichen Integrität, die es einem erlauben, Zugang zu Personen und Netzwerken zu finden, die persönliche Karrieren und Werdegänge wesentlich prägen.

Zusammenfassung

Ich werde häufig gefragt, ob ich meine Ziele im Verlauf der vergangenen Jahre und auf dem Weg vom Studenten der Literaturwissenschaft zum Projektmanager nicht zu stark verändern musste, und es wäre gewiss ein spannendes Experiment, wenn ich meinem fünfzehn Jahre jüngeren Alter Ego begegnen könnte.

Aus heutiger Sicht habe ich nie bewusst meine Ziele verändert oder gar an einem Stichtag neu definiert. Vielmehr entwickelte sich meine Biographie immer aufs Neue auf bestimmte Wendepunkte zu, mit jeweils neuen Zielen. Der Gedanke und die Erfahrung der Entwicklung widersprechen auch einer geplanten und definierten Karriere. Es wird zwar oft versucht, den eigenen Werdegang im Nachhinein als eine Folge bewusster Entscheidungen darzustellen, aber bei näherem Hinsehen sind Zweifel meist angeraten. Ohne ein jeweiliges Ziel vor Augen – sei es der Studienabschluss, sei es ein Praktikum in einem Unternehmen oder sei es, eine Arbeitsstelle im Ausland zu finden – ist jedes Fortkommen gewiss schwer und bleibt letztlich beliebig. Aber selbst mit definierten Zielen ist es langfristig entscheidend, sich die Fähigkeit zu erhalten, seine Ziele jederzeit zu überprüfen, zu hinterfragen und zu verändern. Im Gehen entsteht der Weg! – und in diesem Sinne sind die oben erwähnten Eigenschaften – Offenheit und Neugier – die entscheidenden Erfolgskriterien außerhalb der jeweiligen fachbereichsspezifischen Curricula.

Es ist eine hypothetische Frage, ob ich mit dem Wissen von heute nochmals mit dem Studium der Germanistik und Philosophie beginnen würde. Hypothetisch deshalb, weil ich mit dem Wissen von heute – also mit dem Wissen nach meinem Studium – das Studium als solches nicht benötigen würde. Sicher ist jedoch, dass es mir nie Leid getan hat und dass es mir meines Wissen auch nie geschadet hat, dieses Studium absolviert zu haben. Im Gegenteil: Ohne mein Studium hätte ich nicht die Gelegenheit bekommen, in den jeweiligen Funktionen nach Schottland und China zu gehen. Wesentlicher noch als die Auslandstätigkeiten als unmittelbare Folge meines Studiums ist die persönliche und intellektuelle Prägung, die ich durch mein erstes geisteswissenschaftliches Studium erfahren habe. Gerade dieser Prägung habe ich es aber zu verdanken, dass ich Kenntnisse und Fähigkeiten erwerben konnte, die ich mit Gewinn in meine derzeitige Tätigkeit als Projektmanager und Unternehmensberater einbringe.

Aus aktueller Sicht habe ich die Inhalte meines geisteswissenschaftlichen Studiums weit hinter mir gelassen. Die nächsten Schritte in meinem jetzigen Berufsbild sind vorgezeichnet in der Übernahme von Personalverantwortung und in der Leitung von immer größeren Projekten mit immer komplexeren Problemstellungen. Obwohl ich mit Freude auf diese nächsten Schritte blicke, bleibt es dennoch spannend, denn wer weiß, wie sich der Weg entwickeln wird.

Zwischen Salsa und Software

Eine Lateinamerikanistin in der IT-Branche

Bärbel Bohr,
Jahrgang 1965, verheiratet, zwei Söhne, absolvierte nach dem Abitur eine zweijährige Banklehre und arbeitete anschließend ein weiteres Jahr in dieser Bank. Von 1987–1993 studierte sie in Mainz Hispanistik, Amerikanistik und Volkswirtschaftslehre. Nach einem Intermezzo im internationalen Kapitalmarktgeschäft promovierte sie 1998. Die meiste Zeit ihres Promotionsstudiums verbrachte sie an der Cornell University in Ithaca/NY, USA. Seit 1998 arbeitet sie bei der SAP AG im Produktmanagement, seit 2002 als Projektleiterin einer Software-Entwicklungskooperation.

Das Handy klingelt, nicht zum ersten Mal in dieser Nacht. Es ist 3.30 Uhr früh. Mein Kunde erwartet von mir eine Stellungnahme zu einem Datenbankproblem, das zu zeitlichen Verzögerungen im Projektplan führen könnte. Die Zeit drängt. Seit Wochen arbeiten wir mit dem Kunden, einer großen deutschen Bank, rund um die Uhr, um das gemeinsame Software-Projekt, das vor über vier Jahren begonnen wurde, erfolgreich noch in diesem Jahr zu Ende zu führen. Ich bin die Projektleiterin auf Lieferantenseite und damit verantwortlich für eine der größten strategischen Entwicklungskooperationen meiner Firma.

Es ist klar, dass ich mitten in der Nacht keine »Rund-um-sorglos«-Lösung anbieten kann. Wichtig ist es vielmehr, schnell mit den Kollegen einen *Workaround* zu finden, damit die Datenübernahme weitergehen kann. Noch wichtiger ist es, dass es mir gelingt, die Diskussion mit meinem Kunden zu versachlichen – denn natürlich kochen auf beiden Seiten in der Endphase die Emotionen hoch – und den Kollegen aus der Entwicklung den Rücken freizuhalten, damit sie konzentriert und ungestört das Problem analysieren können.

Der ganze Sommer war geprägt von derlei Krisenmanagement. Meine Aufgabe ist es, in schwierigen Situationen, die auf Expertebene nicht geklärt werden können, einzugreifen und über eine gangbare Lösung zu verhandeln. Die

Zauberlosung lautet: Für beide Seiten eine *win-win-Situation* herstellen. Das ist ein sehr aufreibender Job, der guter Nerven bedarf. Es hat sich gelohnt! Der Kunde hat das System erfolgreich eingeführt – *in time and in budget,* wie es so schön im Projektjargon heißt. Dabei war es phasenweise eine physische und psychische Grenzerfahrung, die mich einige Male die Sinnfrage stellen ließ, die jedoch auch sehr viel Spaß gemacht hat, da sie nur als Gemeinschaftsleistung zum Ziel geführt hat. Es war eine Zeit der schnellen, sachgerechten Entscheidungen, ohne die gewohnten politischen Machtspielchen, die so typisch sind für Großprojekte. Doch wie, bitte schön, bin ich überhaupt dahin geraten? Ich wollte doch immer die Welt ein klein wenig besser machen. Dem Schönen, Wahren und Guten dienen ...

Die Motivation

Ich bin promovierte Hispanistin, Schwerpunkt Lateinamerika. Meine Doktorarbeit handelt von Carlos Fuentes' literarischer Auseinandersetzung mit der europäischen Geschichte, Kultur und Literatur. Carlos Fuentes ist neben Octavio Paz, Nobelpreisträger für Literatur, der bekannteste zeitgenössische Autor Mexikos. Faszinierend an seinem Werk fand ich vor allem das Aufgreifen europäischer Themen, um die mexikanische oder auch lateinamerikanische Identität des Autors zu bestimmen. Es macht dabei den besonderen Reiz seines Werks aus, dass europäische Leser wiederum sich und ihre Kultur hier als das »Andere« der lateinamerikanischen Identität wahrnehmen können. Als Nebenfächer hatte ich Volkswirtschaftslehre und Amerikanistik belegt.

Der Weg vom »Orchideenfach« Lateinamerikanistik bis hin zur Leitung einer Software-Entwicklungskooperation ist nicht ganz offensichtlich und dann wiederum doch recht leicht nachzuvollziehen. Es fügt sich schon zu einem Ganzen, fast.

Als ich Abitur machte, im Jahr 1984, warnten Bildungspolitiker, Lehrer und Eltern vor einem Berg arbeitsloser Akademiker. Wie es damals Mode war, entschloss ich mich deshalb, aus Sicherheitsgründen erst einmal eine Banklehre zu machen. Bankarbeitsplätze galten als besonders zukunftsweisend und sicher. Welch eine Ironie: Heute arbeite ich daran, die Geschäftsprozesse der Banken zu vereinheitlichen bzw. zu automatisieren – d.h. eine »Bankfabrik« zu schaffen, damit die Prozesse nur noch in

Ausnahmefällen von Sachbearbeitern manuell bearbeitet werden müssen. Wer hätte damals gedacht, dass nach der Industrie auch die Banken von Rationalisierungsströmungen erfasst werden, die gerade die deutsche Bankenwelt in eine mehrjährige Krise stürzen würden? Doch zurück zu mir: Es war mir ziemlich Ernst mit der Bankkarriere, so ernst, dass ich sogar noch ein Jahr nach Abschluss der Ausbildung zur Bankkauffrau im Wertpapiergeschäft tätig war, bis mir klar wurde, dass ich ohne Hochschulausbildung immer in der zweiten Reihe stehen würde. Also suchte ich nach einem geeigneten Studienfach. Bei der Wahl orientierte ich mich vor allem an meiner damaligen Zielsetzung, wieder in die Bank zurückzukehren, um dort erfolgreich Karriere im Börsenhandel machen zu können. Die Wahl fiel auf Volkswirtschaftslehre in Mainz, wo ich im Wintersemester 1987 anfing. Drei Wochen nach Semesterbeginn erlebte ich meinen ersten Börsencrash. Freunde von mir verloren ihr gesamtes Vermögen bzw. endeten in Schulden, da sie Optionsscheine auf Kredit gekauft hatten. Das war heilsam.

Überhaupt war dieses erste Semester an der Universität für mich eine Wiederbegegnung mit alten Werten, die ich in der Bank um der Karriere willen verdrängt bzw. vergessen hatte. Ich bin ein Kind der Friedens- und Anti-Atomkraft-Bewegung. Als Schülerin demonstrierte ich in Trier gegen das Atomkraftwerk (AKW) in Cattenom, fuhr mit der Jugendgruppe nach Taizé und kaufte Honig im Dritte-Welt-Laden. Ich engagierte mich bei Amnesty International. Lateinamerika faszinierte mich besonders. In Nicaragua waren gerade die Sandinisten an die Macht gekommen. Über dieses Engagement fing ich an, mir autodidaktisch Spanisch und Portugiesisch beizubringen. Ich belegte später, während der Bankausbildung, als Gasthörerin zusätzliche Sprachkurse an der Universität Trier.

Da mir Volkswirtschaftslehre schnell zu trocken erschien und ich die Anonymität der Massenveranstaltungen nicht mochte, war es mehr als plausibel, dass ich nach einem Semester meine Fächerkombination änderte. Meine Wahl fiel auf Hispanistik als Hauptfach, wobei mir damals nicht ganz klar war, worauf ich mich wirklich einließ. Mir war Eduardo Galeanos Pamphlet über die *Die offenen Venen Lateinamerikas* (1971) vertrauter als die spröde und doch geniale Literatur des Argentiniers Jorge Luis Borges. An lateinamerikanischen Autoren kannte ich nur Gabriel García Márquez und Jorge Amado. Wie ahnungslos ich war! Aufgrund meines politischen Engagements für Lateinamerika erschien es mir sinnvoll, VWL als Nebenfach beizubehalten. Wirtschaftspolitisches Wissen als Basis, das hilft in den Diskussionen, dachte ich mir. Die Wahl des zweiten Nebenfachs, da geht es anderen sicherlich nicht anders als mir, war eher willkürlich und ging den Weg des geringsten Widerstands: Amerikanistik verlangte zwar eine Vielzahl von Scheinen, erschien mir aber einfach.

So begann ein langjähriges Hin und Her zwischen Idealismus und Pragmatismus. Voller Enthusiasmus stürzte ich mich auf das Studium und verdiente mir in den Ferien in der Bank das Geld, um meine Reisen nach Spanien und Lateinamerika zu finanzieren.

Teilweise fiel es mir schwer, einen echten Schwerpunkt im Studium zu setzen. Die Uni bot zu viel Interessantes. Ich besuchte zum Beispiel Kurse am Rechenzentrum (Datenbankmanagement, UNIX/VMS als Betriebssysteme, Webdesign), was mir beruflich mehr nützen würde als alle meine Hauptseminarscheine zusammen. Mich begeisterte vieles, wenn es auch nicht immer derart begeisternd war, dass ich mir Expertenwissen aneignen wollte. Eine wirkliche Berufung zur Wissenschaft als Lebensinhalt für Jahrzehnte habe ich während des gesamten Studiums nicht empfunden, weshalb auch eine akademische Karriere, die ein solides oder – je nach Sichtweise – engstirniges Expertenwissen in einem bestimmten Teilbereich des Faches voraussetzt, nicht für mich in Frage kam. Die von mir gewählte Fächerkombination von lateinamerikanischer Literatur und Wirtschaftspolitik bot, im Gegensatz zu vielen anderen geisteswissenschaftlichen Fächern, die Gelegenheit zum interdisziplinären Lernen – wenn auch nicht längst so ausgeprägt, wie ich mir dies gewünscht hätte. Ich glaube, die mangelnde Interdisziplinarität, die ich an der deutschen Universität in dieser Hinsicht erlebt habe, ist eine der größten Enttäuschungen meines Bildungswegs. Wie anders sah dies während meines Aufenthalts in den USA aus.

Das Beste: Der Aufenthalt in den USA

Während des Studiums war ich in fast allen Semesterferien unterwegs, um in den Alltag der Kulturen, denen ich mich im Studium aus Diskurssicht annäherte, einzutauchen. Meine Reisen führten mich immer wieder nach Spanien, dann auch nach Kuba, Costa Rica und Venezuela. Ein Semester verbrachte ich an der Partneruniversität Valencia, vier Monate in Genf. Außerdem erhielt ich ein Stipendium zur Summer School am Middlebury

College in Vermont. Diese sechs Wochen waren emotional und intellektuell sehr fordernd; es war ein Rund-um-die-Uhr-Programm, das auf dem Konzept des kompletten Abtauchens in eine fremde Kultur aufbaut (»total immersion«). Es durfte nur Spanisch gesprochen werden, auch in der Freizeit. Zunächst kam mir dies eher ulkig vor, doch ist der Ansatz vor allem vor dem Hintergrund zu verstehen, dass für US-Amerikaner Spanien sehr weit weg und die lateinamerikanischen Länder im US-amerikanischen Vorurteil als sehr unsicher gelten. Da ist es besser, zu Hause zu bleiben und so zu tun, als ob man im fremden Land wäre. Das Praktische daran ist natürlich auch, dass es landesweit keine Probleme bei der Anerkennung der in Middlebury erworbenen *credits* gibt.

Doch nichts kommt an meinen zweijährigen Aufenthalt an der Cornell University heran. Zunächst ging ich während meiner Promotion für drei Monate zu Recherchezwecken an diese Universität in Ithaca im Bundesstaat New York, jeweils ca. vier Autostunden von New York City bzw. Toronto entfernt. Der Ort liegt direkt am lang gestreckten, schmalen Cayuga Lake. Viele Wasserfälle prägen die Landschaft. Der Campus, neben Stanford der schönste der USA, liegt hoch oben auf einem, von imposanten Schluchten durchfurchten Berg. Der Winter ist sehr lang und streng, der Sommer sehr kurz und feuchtheiß.

Ich baute dort auf Kontakten zu den Dozenten auf, die ich in Middlebury kennen gelernt hatte. Obwohl ich offiziell nicht eingeschrieben war, konnte ich voll am akademischen Leben teilnehmen. Für mich tat sich ein wissenschaftliches Paradies auf. Anfangs wurde ich gar nicht satt, mich in der Bibliothek (Olin Library) aufzuhalten. Für mich war es faszinierend, dass dort jede erdenkliche Schrift, auch in deutscher und spanischer Sprache, vorhanden war. In den seltensten Fällen musste ich auf die Fernleihe zurückgreifen. Auch die funktionierte natürlich absolut komfortabel. Für mich besonders vorteilhaft waren die Öffnungszeiten der Bibliothek. Es gab praktisch keine Schließzeiten. Deshalb konnte ich, bereits kurz nach der Geburt meines ältesten Sohnes, die Arbeit an meiner Dissertation wieder aufnehmen, da ich auch abends bzw. am Wochenende in der Bibliothek arbeiten konnte. In dieser Zeit passte dann mein Mann, der als Postdoc am Wilson Lab der Universität arbeitete, auf das Baby auf.

Im Gegensatz zu deutschen Universitäten verstehen sich die US-amerikanischen Eliteunis als Dienstleister, die den Studenten das Lernen so komfortabel wie möglich machen. »Lernen« ist der Mittelpunkt des universitären Lebens, nicht die Verwaltung. Außerdem war der ganze Campus vernetzt – alle kommunizierten über E-Mail miteinander, nicht nur die Studenten, sondern eben auch die Professoren. Für diesen Zeitraum (1995 –1997) kann man das für die geisteswissenschaftlichen Fächer Deutschlands nicht gerade behaupten. Das Angebot an Kursen im Bereich der Graduate Studies ist enorm vielseitig und von hohem Niveau. Gerade im Bereich der Lateinamerikanistik ist es selbstverständlich, dass man einen interdisziplinären Gedankenaustausch wahr- und ernst nimmt. Obwohl oder gerade weil Ithaca geographisch eher abgelegen liegt, ist es ein intellektuelles Eldorado. Aufgrund des hervorragenden Rufs der Universität kommen viele renommierte Forscher oder Schriftsteller aus aller Welt nach Ithaca, um dort ihre neuesten Erkenntnisse zu präsentieren, wie beispielsweise Jacques Derrida oder eben auch Carlos Fuentes.

Außerdem begann ich in Ithaca, mich mit der eigenen, deutschen Kultur zu beschäftigen. Es war enorm bereichernd, die eigene Kultur aus dem Blickwinkel US-amerikanischer Dozenten und Studenten zu erleben. Ich ahmte damit nach, was indirekt Thema meiner Dissertation war: die eigene Kultur aus fremdem Blickwinkel zu betrachten.

In meiner Freizeit engagierte ich mich bei der Unigruppe von Amnesty International. Während Amnesty in Deutschland ein gängiger Begriff ist, ist die Menschenrechtsorganisation in den USA weit weniger bekannt, sodass hier noch sehr viel mehr Basisarbeit zu leisten ist. Wir trafen uns in einem kleinen, aber sehr internationalen Kreis, um unsere Aktionen zu organisieren: Unterschriftsstände, Newsletter, politische Events, unser monatliches Fernsehprogramm für den örtlichen Fernsehkanal, Aufbau der eigenen Homepage.

Durch dieses – wissenschaftlich wie privat – reiche Leben habe ich mich in Ithaca sehr verwurzelt gefühlt. Und doch muss ich diese positive Bewertung ein wenig dahin gehend relativieren, dass ich zwar sehr gut und intensiv am akademischen Leben teilgenommen habe, jedoch nie ein Teil dieses Systems war und damit auch den Zwängen, die dort sehr wohl herrschen, nicht unterworfen war. Das herrschende »publish or perish«, also der Zwang, möglichst viele Publikationen zu veröffentlichen, um eine gute akademische Reputation zu erlangen, galt nie für mich; im Gegenteil, mein Doktorvater, der weiterhin im rheinischen Mainz saß und mir die Freiheit gelassen hatte, mich im fernen Ithaca aufzuhalten, empfahl mir immer, mich ganz auf meine Dissertation zu konzentrieren. Aus den drei Monaten wurden schließlich zwei Jahre. Ich packte die Koffer erst, als meine Dissertation fertig gestellt war. Mein Sohn war gerade acht Monate alt.

Durch mein Dissertationsthema, gepaart mit dieser Alltagsauseinandersetzung, sich in einer fremden Umwelt zurechtzufinden, zu der man trotz positiver Erfahrung immer auch ein Stück Distanz wahrt, habe ich vor allem gelernt, mich in verschiedene Welten und Sichtweisen einzudenken und daraus resultierende mögliche Konfliktsituationen zu verstehen. Damit führte ich mit der Dissertation gleichzeitig fort, was ich mit meiner Magisterarbeit zum Werk des kubanischen Autors Alejo Carpentier – auch er ein Wanderer zwischen den Welten – begonnen hatte. Wie ist es, wenn man sich mit einer anderen Kultur beschäftigt, ohne dazuzugehören? Welche Vorteile bringt es, wenn man diesen Blick des Außenseiters, der nicht selber dazugehört, einnimmt? So abwegig es zunächst klingen mag, kann ich die theoretische Auseinandersetzung meines Dissertationsthemas heute tagtäglich im Beruf anwenden, wo ich – im übertragenen Sinne – als Vermittlerin, als Übersetzerin, zwischen den äußerst unterschiedlichen kulturellen Welten von Bankmanagern einerseits und technisch orientierten Software-Entwicklern andererseits agiere, also die Sprachen beider Welten sprechen muss. Es ist spannend – intensives Zuhören und Verstehen vorausgesetzt – herauszufinden, wie andere denken und wie sie ihre Probleme lösen. Um gegenüber beiden eine faire Verhandlungsposition einnehmen zu können, ist es erforderlich, beide Seiten gleichermaßen zu verstehen und gleichzeitig einen gewissen Abstand zu ihnen zu wahren. Julio Cortázar, noch so ein Lateinamerikaner mit Wohnort Paris, hat diese Situation einmal – und dies schlägt wieder den Bogen zurück zu meiner Dissertation – sehr prägnant folgendermaßen formuliert:

»Es gibt eine Distanzierung, jedoch in dem positiven Sinne, dass man auf Distanz geht, um besser sehen zu können, mit der Unabhängigkeit und dem klaren Blick, über den man verfügt, wenn man in dem, was man betrachtet, nicht mit einbegriffen ist.«

Die gegenwärtige Aufgabe erfüllt mich derzeit noch mit großer Zufriedenheit. Was ich mir für die Zukunft jedoch wünsche ist ein internationaleres Projekt, in dem ich meine interkulturellen Erfahrungen noch besser einbringen kann. Derzeit bin ich für meinen Geschmack noch zu sehr auf den deutschsprachigen Raum fokussiert. Und vielleicht werde ich irgendwann das Erworbene so einsetzen können, dass die Welt ein klein wenig besser wird ...

Die Einsamkeit des Geisteswissenschaftlers

Die zwei Jahre mit einem Graduiertenstipendium an der Cornell University gehören zum Besten meines Studiums. Sie sind zugleich Ausdruck der Freiheit, die mir mein Doktorvater gewährt hat. In naturwissenschaftlichen Fächern herrscht für Diplomanden und Doktoranden oft Präsenzpflicht. Doch hat die Freiheit ihren Preis. Geisteswissenschaften sind oft einsame Wissenschaften. Es gibt kaum eine Zusammenarbeit mit anderen, da jeder Doktorand sein Thema individuell mit dem Doktorvater abstimmt, sodass der intellektuelle Austausch mit anderen Doktoranden eher beschränkt bleibt. Die für den Berufsalltag geforderte »Teamfähigkeit« ist in den Geisteswissenschaften jedenfalls nicht gefragt. Der einzige Gesprächspartner für inhaltliche Diskussionen ist dann oft nur der Doktorvater. Vor den Gesprächen mit meinem Doktorvater hatte ich immer einen gehörigen Respekt, da er äußerst anspruchsvoll war und seine Kritik recht unmissverständlich zum Ausdruck bringen konnte. Da ich meist kein Feedback von anderen Doktoranden als Vorbereitung hatte, bereitete ich mich immer peinlichst genau vor. Ich glaube, dies hat mich in meiner Art, meine Arbeit vorzubereiten, weit gebracht. Als positiv empfand ich auch, dass ich ein Hauptfach mit einer überschaubaren Studentenanzahl gewählt hatte. Der Kontakt zum Doktorvater war dadurch sehr eng und persönlich, er ist bis heute nicht abgebrochen.

Um die innere Einsamkeit zu überwinden und gleichzeitig meinen schmalen Geldbeutel zu füllen, habe ich deshalb während des Studiums als Tutorin gearbeitet. Auf diese Weise blieb mir der Kontakt mit den Studenten aus dem Grundstudium erhalten. Zusätzlich engagierte ich mich bei AEGEE (Association des Etats Généraux des Etudiants de l'Europe) einer studentischen Organisation mit Mitgliedern aus allen Fachrichtungen, die sich der Förderung der europäischen Idee verschrieben hatte. Ich arbeitete dort im Vorstand mit. Wir organisierten Sommerkurse für AEGEE-Mitglieder aus anderen Ländern oder Kongresse zu speziellen Themen (Verhältnis Frankreich – Deutschland, Gesundheitspolitik,

Tourismus). Damals habe ich erfahren, dass man auch mit äußerst schmalem Budget und umso mehr Enthusiasmus ziemlich viel auf die Beine stellen kann. In dieser Zeit habe ich viele Freundschaften geschlossen, die zum Teil heute noch bestehen. Bei AEGEE haben wir es geschafft, dass der Charakter die Rollen verteilt hat, also die Zusammenarbeit vieler auf der Basis von unterschiedlichen und doch gleichwertigen Fähigkeiten bestimmt wurde. Nicht die Größe dieser Organisation hat unseren Erfolg bestimmt, sondern unser ganz persönliches Engagement bzw. *commitment.*

Generell habe ich mich in der Theorie mit vielen Themen beschäftigt, die heute für das Ausüben meiner Tätigkeit große Bedeutung haben: z. B. Kommunikationstheorie und ganz allgemein rhetorische Fragestellungen. An der Universität gab es selbstverständlich keine Übertragung dieser Themen in die Praxis, nicht einmal für die eigenen Vorträge in den Seminaren. Die Fähigkeit, gut die Ergebnisse der eigenen wissenschaftlichen Arbeit zu präsentieren, floss meist nicht in die Bewertung ein. Über die Art des Präsentierens, die Kunst zu überzeugen, wurde nur in kritischer Distanz gesprochen; als praktische Übung gab es sie nicht. Das Engagement bei AEGEE hat diese Theorielast sehr gut kompensiert.

Es ist eine Binsenweisheit, dass die deutschen Schulen und Universitäten traditionell gerne auf den Praxisbezug verzichten – das gilt durch die Bank für alle Fächer. Hätte mir mein Mathelehrer beispielsweise in der gymnasialen Oberstufe doch erklärt, wozu diese verdammten Ableitungen gut sind, hätte ich bestimmt eine ganz andere Motivation gehabt, mich mit der Differenzialrechnung zu beschäftigen und ich wäre im Propädeutikum Mathematik weniger unsanft überrascht worden.

Selbstmanagement

Ein großes Manko der universitären Ausbildung ist aus meiner Erfahrung auch das mangelnde Zeitmanagement bei Seminararbeiten oder Abschlussarbeiten. Wer's nicht von zu Hause mitbringt, der lernt es im akademischen Leben der Geisteswissenschaften eher nicht. Oder anders herum: Ohne Selbstdisziplin ist man in den geisteswissenschaftlichen Fächern verloren. Während meiner Studienzeit waren einige Dozenten im akademischen Mittelbau oft geprägt vom Anti-Leistungsdenken der 68er-Generation. Sie gingen mit Terminen sehr lax um und waren häufig nachgiebig. Das ist heute im Projektgeschäft, so wie ich es erlebe, gänzlich anders. Manchmal wird hier, das ist das andere Extrem, das ebenso wenig gutzuheißen ist, das Ergebnis dem Termin sogar untergeordnet. Für mich persönlich ist straffe Organisation auch aus privaten Gründen überlebenswichtig. Als Mutter von zwei Söhnen (drei und sieben Jahre alt) bin ich voll berufstätig. Eine solche Entscheidung will gut überlegt sein und braucht die Unterstützung der gesamten Familie.

Nach der Promotion, mein Sohn war gut ein Jahr alt, begann ich zunächst ganz sachte, wieder ins Berufsleben einzusteigen, indem ich einen vierstündigen Lehrauftrag für Spanisch an der Fachhochschule Karlsruhe annahm. Nach einem halben Jahr fiel mir zu Hause die Decke auf den Kopf und ich begann, ernsthaft nach einer richtigen Stelle zu suchen. Fündig wurde ich bei meiner jetzigen Firma, wo ich zunächst als technische Redakteurin einstieg, bald aber aufgrund meines Bankwissens ins Produktmanagement wechselte. Dass ich für meine Dissertation dann 1998 noch den Johannes-Gutenberg-Preis der Universität erhielt, ging im hektischen Projektgeschäft fast unter. Im Rückblick tut es mir Leid, dass ich an der Verleihung des Preises – aus banalen projektinternen Gründen – nicht persönlich zugegen sein konnte, denn schließlich war es ein würdevoller Schlusspunkt unter vier Jahre intensiven akademischen Arbeitens. Heute setze ich meine Prioritäten weniger sprunghaft.

Es war zunächst schwierig, die Kollegen – in einer Software-Entwicklung in der Mehrzahl Männer – zu überzeugen, dass auch eine Frau mit einem, später dann zwei Kindern, in der Lage ist, im Beruf voll »ihren Mann zu stehen«. Das war für mich am Anfang des Berufslebens in der IT-Branche ein größeres Hindernis als mein exotischer Abschluss als Dr. phil. Heute zweifelt in meinem kollegialen Umfeld keiner mehr daran, dass Beruf und Familie miteinander vereinbar sind. Dieser Anspruch an mich selbst hat mich angetrieben, mich im Beruf besonders zu engagieren.

Dahinter steckt eine sehr sorgfältig geplante Organisation, die immer auch eine Lösung für Ausnahmesituationen vorsehen muss. Ein Kleinkind kündigt seine Bronchitis in der Regel nicht an. Diese Organisation ruht auf mehreren Pfeilern: Der wichtigste Pfeiler ist mein Lebenspartner, der wie ich voll im Berufsleben steht. Dazu gehören auch ein Ganztagskindergarten, der Schülerhort und zwei Ersatztagesmütter. So gehörte eine gute kommunale Kinderbetreuung zu den entscheidenden Kriterien bei der Wahl unseres Wohnorts.

Drohen alle Stricke zu reißen, springen auch die Großeltern ein, die jedoch zu weit weg wohnen, um auch einmal ganz spontan die Kinderbetreuung zu übernehmen. Zu diesem Sicherheitsnetz gehört letztlich auch eine Haushaltshilfe, denn die Stunden, die wir mit den Kindern zusammen sind, möchten wir tunlichst nicht neben der Waschmaschine oder am Bügelbrett verbringen, sondern mit Malen, Spielen und Lesen. Das rigide Umschalten vom Projekt auf die Anliegen meiner beiden Söhne und umgekehrt – und zwar von nun auf jetzt – hilft mir, schnell Abstand vom Bürostress zu finden.

So what?

Diese Frage lässt sich am besten beantworten, indem ich die Kernkompetenzen und Fähigkeiten noch einmal zusammenfasse, die ich heute im Berufsalltag benötige: Dazu zählen Selbstmanagement und Organisationstalent, Beharrlichkeit, Durchsetzungsvermögen, gute rhetorische Fähigkeiten und Verhandlungsgeschick, Integrations- und Führungsfähigkeit und eine gewisse »Pfiffigkeit« bzw. Lebenstauglichkeit und Lernfähigkeit, die einem hilft, immer wieder aus der Ecke herauszukommen, in die andere einen drängen wollen.

Die Universität wie auch das Gymnasium setzen auf andere Fähigkeiten. Das Fachliche steht hier im Vordergrund. Tatsächlich ist eine gute Wissensbasis unverzichtbar, da sie hilft, neue Themen schneller zu verstehen, zu bewerten und schließlich einzuordnen. Es ist wirklich eine Pein, mit Projektmanagern verhandeln zu müssen, die nur noch organisieren können und fachlich nicht mehr in ihren Themen drinstecken. Doch darf das Studium bei der Wissensvermittlung allein nicht stehen bleiben. Die von mir genannten Fähigkeiten lassen sich wunderbar im Rahmen der wissenschaftlichen Ausbildung erlernen.

Es ist schade, dass die Geisteswissenschaften, die das ganze theoretische Rüstzeug zur Erweiterung dieser praktischen Kompetenzen bieten, in dieser Hinsicht das »Mauerblümchen« spielen statt endlich positives Marketing in eigener Sache zu betreiben. Warum ziehen sich die Geisteswissenschaften so stark auf sich selbst zurück und sehen in ihrem Tun so wenig Bedeutung für die Zukunft der Gesellschaft? Es ist mir schon klar, dass der Glaube an die Machbarkeit der Dinge eher in den Ingenieur- und Naturwissenschaften beheimatet ist, dennoch bedeutet der teilweise berechtigte Zweifel an der Machbarkeit bestimmter Dinge nicht automatisch Entbindung von eben dieser Verantwortung.

Auch in einem »artfremden« Beruf wie dem meinen habe ich doch indirekt sehr stark vom gewählten Studiengang profitiert – was mir fehlte war die unmittelbare, praktische Anwendung des Erlernten. Auch wenn ich – in der Theorie – zum Beispiel alles über zwischenmenschliche Kommunikation wusste, so bin ich in den ersten schwierigen Kundengesprächen genau über diese mangelnde praktische Erfahrung in Sachen kniffliger Kommunikation gestolpert. Zu groß war hier die zeitliche und kulturelle Entfernung zwischen lernen und anwenden. Die Lernkurve verläuft dann aber – dem Praxisschock sei dank – meist recht steil.

Es gibt noch einen großen Bruch, den ich nach dem Wechsel ins Berufsleben gespürt habe. Während ich an der Universität immer ich selbst sein konnte – schließlich habe ich ja auch ein Fach studiert, das der Selbstverwirklichung dient –, wurde von mir im Berufsleben in unterschiedlichen Funktionen erwartet, bestimmte Rollen wahrzunehmen, die nicht unbedingt meine persönliche Interessenlage widerspiegeln. Da wünsche ich mir manchmal, auf ein paar praktische Schauspieltechniken zurückgreifen zu können, um diese Rollen besser zu spielen. Vielleicht hätte ich mich an der Uni einer Theatergruppe anschließen sollen? Ich hätte es schließlich schon früh wissen müssen: Bereits in der Einführung zur spanischen Literaturgeschichte erfährt man, dass das Leben Schauspiel ist, nichts als ein großes Welttheater.

Summa summarum bin ich – trotz aller geäußerten Kritik an der Institution Universität – mit dem gewählten Studium, das mir einen immensen Freiheitsgrad ließ, die Dinge zu tun, die mich begeistern, zufrieden. Letztlich entscheidend ist also herauszufinden, was einen begeistert, »den Faden zu finden für sich selbst, an dem man die Perlen des Lebens aufziehen kann« (Werner »Tiki« Küstenmacher). Wem dies nicht gelingt, dem nützt der ganze Freiraum nicht.

LITERATURHINWEISE

Literaturauswahl

Richard Nelson Bolles: Durchstarten zum Traumjob. Das Handbuch für **Ein-, Um- und Aufsteiger** (deutschsprachige Bearbeitung von Madeleine Leitner). Campus Verlag GmbH, Frankfurt/Main 2002.

Doris Brenner: Neue Mitarbeiter – suchen, auswählen, einstellen. Luchterhand/Wolters Kluwer Deutschland GmbH, München-Unterschleißheim 2003.

Doris und Frank Brenner/Birgit Giesen: Individuell bewerben. Staufenbiel Institut für Studien- und Berufsplanung GmbH, 4. Aufl. Köln 2000.

Ulrich Holst: Karriereplanung für Geisteswissenschaftler. FALKEN Verlag, Niedernhausen 2001.

Peter Jüde: Berufsplanung für Geistes- und Sozialwissenschaftler. Staufenbiel Institut für Studien- und Berufsplanung GmbH, Köln 1999.

Albert Oeckl: Taschenbuch des Öffentlichen Lebens – Deutschland 2004. Festland Verlag, Bonn 2003. *Adressen und Ansprechpartner deutscher Institutionen aus Politik, Wirtschaft, Gesellschaft und Kultur.*

Hans-Helmut Röhring: Wie ein Buch entsteht. Einführung in den modernen Buchverlag (vollständig überarbeitet und aktualisiert von Klaus-W. Bramann). Primus Verlag, Darmstadt 2003.

STAMM Leitfaden durch Presse und Werbung 2004. STAMM Verlag GmbH, 57. Ausgabe Essen 2004.

Zentralstelle für Arbeitsvermittlung (ZAV) der Bundesagentur für Arbeit, Villemombler Str. 76, 53123 Bonn. *Der Arbeitsmarkt-Informationsservice (AMS) der ZAV beobachtet kontinuierlich die Entwicklungen auf dem nationalen und internationalen Arbeitsmarkt für hoch qualifizierte Fach- und Führungskräfte. Publikationen zum Arbeitsmarkt von Akademikern*

können kostenlos als Printversion bestellt werden (Tel.: 02 28/713-12 92).
Sie stehen auch im Internet unter www.arbeitsagentur.de zur Verfügung.

Kontaktadressen und Tipps im Internet zu den einzelnen Beiträgen:

▧ autorenforum.de, www.autorenforum.de. *Das Wissens-Portal für Autorinnen und Autoren.*

▧ Börsenblatt für den Deutschen Buchhandel, www.boersenblatt.net. *Onlinemagazin für den deutschen Buchhandel.*

▧ Börsenverein des Deutschen Buchhandels, www.boersenverein.de. *Verband für Verlage, Zwischenbuchhandel und Buchhandel.*

▧ BücherFrauen e.V., www.buecherfrauen.de. *Das Netzwerk für Frauen aus Buchhandel, Verlagen, Agenturen und angrenzenden Arbeitsbereichen rund ums Buch.*

▧ Bundesagentur für Arbeit, www.arbeitsagentur.de. *Stellenangebote; KURS, die führende Datenbank für Aus- und Weiterbildung in Deutschland; BERUFEnet, die Datenbank für Ausbildungs- und Tätigkeitsbeschreibungen.*

▧ Bundesinstitut für Berufsbildung (BIBB), www.bibb.de. *Aufgaben sind Berufsbildungsforschung und -entwicklung sowie Dienstleistung und Beratung auf dem Gebiet der beruflichen Bildung.*

▧ Bundesministerium für Wirtschaft und Arbeit, www.bmwa.bund.de. *Viele Informationen zum Thema »Existenzgründer«.*

▧ Deutsche Gesellschaft für Personalführung (DGFP) e.V., www.dgfp.com. *Alle Informationen rund um das Thema Personalmanagement.*

▧ Deutsche Public Relations Gesellschaft e.V., www.dprg.de. *Aktuelle Themen und Veranstaltungshinweise rund um die Public Relations.*

▓ Deutscher Akademischer Austauschdienst (DAAD), www.daad.de. *Die Kontaktadresse für Auslandsaufenthalte im und nach dem Studium (Sprachassistenten- und DAAD-Lektoren-Programme).*

▓ Deutscher Journalisten-Verband (DJV) e.V., Gewerkschaft der Journalistinnen und Journalisten, www.djv.de. *Gewerkschaft und Berufsverband der hauptamtlichen Journalistinnen und Journalisten aller Medien.*

▓ DPV Deutscher Presseverband e.V., www.dpv.org. *Berufsvertretung für Journalisten, Autoren, Öffentlichkeitsarbeiter, Pressesprecher und andere Kommunikationsfachleute.*

▓ exist, Existenzgründungen aus Hochschulen, www.exist.de. *Ein Programm des Bundesministeriums für Bildung und Forschung mit einer Menge an Tipps und Kontaktmöglichkeiten zu Netzwerken.*

▓ Fachverband Freier Werbetexter e.V. (FFW), www.werbetexter-ffw.de. *Berufsverband für Texter und Konzeptioner in der Kommunikationswirtschaft.*

▓ Gesamtverband Kommunikationsagenturen (GWA), www.gwa.de. *Interessenvertretung der Werbe- und Kommunikationsagenturen.*

▓ journalismus.com, Der Journalisten-Treff im Web, www.journalismus.com. *Service-Angebot für Journalistinnen und Journalisten, die Kontakt zu anderen aufnehmen möchten, mit vielen interessanten Tipps.*

▓ Literaturagentur, www.litscage.de. *Datenbankgestütztes Verzeichnis der Literatur-Agenturen und Scouts weltweit.*

▓ uni Magazin, Hrsg. Bundesagentur für Arbeit, www.unimagazin.de. *Zeitschrift zu allen Themen rund um Studium, Beruf und Arbeitsmarkt.*

▓ Verband der Freien Lektorinnen und Lektoren e.V., www.vfll.de. *Interessenvertretung und Netzwerk freiberuflicher Lektorinnen und Lektoren.*

▓ Verband Deutscher Drehbuchautoren e.V., www.drehbuchautoren.de. *Interessenvertretung deutscher Film- und Fernseh-Drehbuchautoren und -autorinnen, Info-Plattform für Berufsanfänger und Berufsanfängerinnen und am Drehbuch Interessierte.*

▓ Verband deutscher Film- und Fernsehdramaturgen e.V. (VeDRA), www.dramaturgenverband.org. *Interessenvertretung von Berufsgruppen, die dramaturgisch in der Entwicklung, Förderung, Vermarktung und Produktion u.a. von Film-, Fernseh- und Werbefilmen tätig sind.*

▓ Verband deutschsprachiger Übersetzer literarischer und wissenschaftlicher Werke e.V. (VdÜ), www.literaturuebersetzer.de. *Mitgliedervertretung freiberuflicher Literaturübersetzer; Hinweise u.a. zu Tagungen, Seminaren und Mitgliederverzeichnis.*

▓ Verwertungsgesellschaft Wort, www.vgwort.de. *Zusammenschluss von Autoren und Verlagen zur Wahrnehmung von Urheberrechten gegenüber Dritten.*

▓ Zentralverband der deutschen Werbewirtschaft (ZAW), www.zaw.de. *Dachverband und Interessenvertretung der deutschen Werbewirtschaft.*

Im Verlagsprogramm der **Wissenschaftlichen Buchgesellschaft (WBG)**, www.wbg-darmstadt.de finden Sie eine reichhaltige Auswahl an Einführungen in die Philologie.

Für weitergehende Fragen können Sie sich jederzeit an den Herausgeber wenden. E-Mail: Heinz.Ickstadt@arbeitsagentur.de

2212DK